成 长 也 是 一 种 美 好

图书在版编目（CIP）数据

数字社会学 : AI 时代生存法则与未来秩序 / 唐兴通
著. -- 北京 : 人民邮电出版社, 2025. -- ISBN 978-7
-115-67444-9

  Ⅰ. C91-39

中国国家版本馆 CIP 数据核字第 20254T1H13 号

◆　　著　唐兴通
　责任编辑　张渝涓
　责任印制　周昇亮
◆人民邮电出版社出版发行　　北京市丰台区成寿寺路 11 号
　邮编 100164　电子邮件 315@ptpress.com.cn
　网址 https://www.ptpress.com.cn
　鑫艺佳利（天津）印刷有限公司印刷
◆开本：880×1230　1/32
　印张：9.5　　　　　　　　　2025 年 8 月第 1 版
　字数：260 千字　　　　　　 2025 年 8 月天津第 1 次印刷

定　价：69.80 元

读者服务热线：（010）67630125　印装质量热线：（010）81055316
反盗版热线：（010）81055316

推荐语

面对技术的巨大变革，我们每个人都被卷入数字时代的洪流，时而兴奋，时而迷惘。我们该如何理解这个与我们的生活紧密相连的数字空间？我们又该如何自处，如何与一个被人工智能重塑的世界共存？这些已非遥远的哲学思辨，而是迫在眉睫的时代问题。

《数字社会学：AI 时代生存法则与未来秩序》便是作者在这个"新大航海时代"里，为我们精心绘制的一份地图。他并没有停留在对技术的浮泛惊叹上，而是以多年磨一剑的定力，沉潜到社会互动的深处，为我们探寻数字社会运行的内在机理与秩序。

陈刚

北京大学新闻与传播学院院长、教授、博士生导师

用一个简洁的框架分析正在发展的复杂事件不只需要学术功底，更需要透过现象看本质的能力积累。唐兴通的《数字社会学：AI 时代生存法则与未来秩序》虽然以数智时代的生存法则为落脚点，起点却极具透视性，它把时间、空间、网络分析框架应用在技术、经济、社会、文化的分类场景中，让读者可以运用他建立的"透视眼"化繁为简，理解数智时代的社会线索，认识时代的发展变化，是一部难得一见的著作。

邱泽奇

北京大学博雅讲席教授

北京大学中国社会与发展研究中心主任

北京大学数字治理研究中心主任

唐兴通长期致力于探究数字技术与社会变迁之间深刻而微妙的互动关系，其新作《数字社会学：AI 时代生存法则与未来秩序》以敏锐的洞察力和富于社会学想象力的笔触，深刻解析了人类正在经历的"数字迁徙"。书中提出的时空网（TSN）模型与 TESC 螺旋模型等创新分析框架，精准捕捉到了 AI 时代人类生活方式与社会结构的重大转型，不仅揭示了技术变革背后的社会逻辑，也为未来社会秩序的重构描绘了一幅清晰、实用的蓝图。这是一本值得所有希望更好地拥抱和融入数字社会的读者认真研读的佳作。

郑路

清华大学苏世民书院大众汽车可持续发展访问讲席教授

清华大学社会学系副主任

在数字时代，人人都在谈论数字化，但真正洞察其运行规律者寥寥。我们常感困惑：机会何在？未来何往？

唐兴通老师的《数字社会学：AI 时代生存法则与未来秩序》为这些问题提供了清晰的答案。他构建的 TSN 模型和 TESC 螺旋模型，不仅是理解数字社会的分析框架，而且是我们应对变革的思考工具。

这本书可以帮助读者解构复杂的现象并洞察其本质，从被动的数字信息消费者进化为主动的价值创造者。在数字编织的新规则中，读者可以找到破局点，构建属于自己的确定性未来。

刘润

润米咨询创始人

当我们谈论数字社会时，很多人往往会为技术进步的速度所震撼，却少有人静下来思考其背后的秩序与逻辑。《数字社会学：AI 时代生存法则与未来秩序》正是这样一本著作——它不急不躁，却步步深入，将人类从物理空间迁移到数字空间的生态发展过程娓娓道来。

作者不是在讲技术的胜利，而是在讲一个新型社会的生态：在时间被压缩、空间被重构、关系被重新编织的世界中，如何找回人的位置与意义。作为媒介生态学的研究者，我特别赞赏书中对 TSN 模型与 TESC 螺旋模型的构建，它们不是冰冷的理论框架，而是映照现实与未来的坐标系统。在书中，我们不仅看到了数字社会的变迁，更看到了变迁中的温度与希望。

邵培仁

浙江大学传媒与国际文化学院教授、博士生导师

在数字社会的浪潮中，我们仿佛置身于一个充满无限可能的虚拟宇宙。这里的游戏规则和运行秩序与现实社会既有相似之处，又是截然不同的。作者巧妙地用 TSN（时间、空间、网络）模型和 TESC 螺旋模型为我们揭示了数字社会的运行密码。这本书中的内容不仅是社会学分析，更是对每个普通人数字生活的深度观察。

从社会学视角看，数字社会的游戏规则首先体现在信息的传播与获取上。在现实世界里，信息的传播可能会受到地理、身份等因素的限制，而数字社会打破了这些壁垒，每个人都能成为信息的发布者和接收者。然而，这也导致信息如潮水般涌来，真假难辨。所以，学会筛选和判断信息，就成了数字社会的重要"生存技能"。

我个人觉得这是一本值得那些想要认识并适应数字社会的学者及创业者阅读的佳作。

于显洋

中国人民大学社会学院教授

北京市思诚社区公益基金会理事长

中国老年学和老年医学学会社区居家养老分会会长

作为一名法学教授，我常思索 AI 技术浪潮中社会秩序的重塑问题。唐兴通这本《数字社会学：AI 时代生存法则与未来秩序》，全面系统地刻画了数字社会学的图景，系本题域"开山作"之一，其求真态度、创新精神、开阔格局让人感佩。你能在这些温润而坚定的文字中，感受到作者多年磨一剑的治学精神与人格魅力。

这本书不仅是知识的集成，更是一位真诚的学者对未来秩序的深情求索与责任担当。我热切希望每一位关心未来的朋友翻开它，开启一场关于数字文明的深度思考，感受这份久违的、有温度的思想力量。

侯佳儒
中国政法大学教授、博士生导师
中国政法大学环境资源法研究所所长
北京法律谈判研究会会长

唐兴通先生的新作《数字社会学：AI 时代生存法则与未来秩序》是他积近二十年沉潜观察、阅读、思考之功，为因应 AI 时代的迅猛到来，而对其"数字社会学"相关论述进行再次梳理和提升的新作。多年来，他写作围绕的核心问题是：技术如何改变个体的生存状态和社群的组织形态；如何超越技术网络建立的点与点的"连接"，而走向人与人的"联结"。唐兴通始终以乐观的态度看待技术进步和人性，认为个体间的联结与合作是数字社会的健康伦理，这也是他本人一直践行的行动原则。

唐磊
中国社会科学院大学政府管理学院副院长
中国社会科学院政治学研究所研究员

从事医院管理工作多年，我愈发深切地体会到，人体本就是一套精妙绝伦的系统，它的平衡与秩序，直接关系到生命的存续。如今，我们已深度融入一个宏大且鲜活的"数字社会"。这个由代码与连接编织成的空间，正以令人惊叹的速度重塑着每个人的认知、情感乃至身心健康——它既催生了新的焦虑，也带来了新的慰藉。

唐兴通先生的《数字社会学：AI 时代生存法则与未来秩序》恰如其分地回应了这一时代需求，系统地梳理了人工智能社会的运行法则与内在逻辑。这部著作不仅展现了开创性的学术洞见，更流淌着对"人"本身的温情关切。它为我们提供的，是一把理解时代、洞察人性的全新钥匙。

盘仲莹
北京和睦家医院院长

我们正身处一个伟大的"新大航海时代"，其中机遇与困惑并存。面对 AI 深度参与构建的未来，我们该如何驾驭它，如何自洽，如何与之"共生"？

唐兴通先生的《数字社会学：AI 时代生存法则与未来秩序》，便是一张充满温度与智慧的导航图。它并没有罗列冰冷的生存法则，而将深邃的社会学思考与前沿的数字洞察融为一体，点亮了助力我们前行的灯塔。它帮助我们看清脚下的数字浪潮，更赋予我们力量去勇敢地探索、连接，并创造一个真正以人为本的未来。

王冠
达沃斯世界经济论坛"全球青年领袖"、知名主持人

作为推荐人，我想对读者朋友说三句话：第一，我曾与唐兴通老师见面深聊，被他的学识和涵养折服，至今仍觉震撼；第二，读他的《数字社会学：AI 时代生存法则与未来秩序》，我们不仅能收获对数字社会

的深刻认知，还能学习他严谨到位的表达——书中的很多内容堪称"写作范文"；第三，如果你想学习 AI 时代的"通关"策略，我强烈推荐你阅读这本书。

剽悍一只猫
个人品牌顾问、《一年顶十年》作者

作为一名长期观察人性和社会变迁的导演，我的兴趣被唐兴通先生这部开创性著作点燃了。这是一部重要的"数字社会学"专著，如同为我们这个时代绘制了一幅独特的人文地图。

书中的 TSN 模型和 TESC 螺旋模型，让我想起电影中那些非常精妙的叙事结构——时间被重新剪辑，空间被重新构建，人与人的连接方式被彻底颠覆。从张大爷通过短视频找到故乡的温暖，到外卖员被困在算法里的无奈，书中的每个案例都像一个动人的镜头，让抽象的理论变得触手可及。

这是一次重要的思想启蒙，也是一场温柔的人文守望。

朱少宇
知名导演、艺术家

新大航海时代：
寻找机会与觉醒之旅

当我坐下来写这篇自序时，窗外的银杏树又一次染上了金黄色。一晃就是 18 年。这 18 年对我而言，是一场追寻之旅，也是一场与自我的对话之旅。回顾过去，我仿佛站在时间的潮汐中，像个在海边捡贝壳的孩子，怀着永不停歇的好奇，凝视着那些被时间的浪潮冲刷出来的规律和秘密。这是一种激情的探索，也是一次意义深远的沉思。

最初，我动笔写这本书的念头很简单，甚至可以说是有些"私心"的。作为父亲，我希望孩子在成长过程中能够对这个世界的运转方式有一个清晰的认知，能够知道自己在数字社会中的定位和角色，也能够游刃有余地参与其中，过上有意义的人生。

然而，随着研究的深入，我逐渐意识到，我所面对的问题远比我最初想象的要有意义得多。它不仅仅关乎孩子，也不仅仅关乎某一个群体或某一个国家。数字化浪潮席卷全球，重塑着人类社会的方方面面，没有人能够置身事外。我们正站在一个前所未有的历史节点上，面对着一个充满未知与可能性的未来。

为此，我希望从多个角度描绘数字社会，特别是数字空间的运行规则与秩序，使用政治、经济、社会、人文、教育、商业等不同领域的视角。本书试图回答一些根本性的问题：在未来人类历史的广阔背景下，数字社会的游戏规则与秩序是什么？它们如何运作？我们又该如何理解与驾驭数字社会，进而让生活更加美好？

　　写作的过程是艰辛的，我遇到了无数挑战。数字社会并非一成不变的静态实体，而是在以极快的速度发展着。我们刚刚适应了社交媒体的崛起，物联网、区块链、人工智能等新兴技术又接踵而至。面对如此迅猛的变化，如何找到一个能够解释这一切的理论框架，成了我写作过程中的最大挑战。但同时，它也成了我不断前进的动力。我相信，尽管表象千变万化，但数字社会的底层逻辑一定是存在的，它们隐藏在时间的深处，等待着被揭示。

　　我清楚地记得那个冬夜，窗外寒风呼啸，我却在书房里心潮澎湃。当时空网模型的雏形在我脑海中逐渐成形时，我感到一种前所未有的兴奋。那一刻，我仿佛看到了一束光，它照亮了我们理解数字社会的道路。我意识到，要真正理解数字社会的运行机制，我们需要一个全新的视角，一个能够融合时间、空间和网络的视角。

　　正是基于这种认知，我提出了时空网（TSN）模型——它以时间（Time）、空间（Space）和网络（Network）为核心变量，构建起我们理解数字社会的基本框架。这个模型不仅能帮助我们捕捉数字社会在瞬息万变中的特点，更能为我们提供一个观察社会变迁的全新视角。每当我向学生们讲解这个模型时，看到他们因逐步理解而眼中有光时，我都会有一种深深的成就感。

　　在此基础上，我进一步引入了技术社会学和复杂系统科学的理念，试图通过涉及技术（Technology）、经济（Economics）、社会（Society）、文化（Culture）的 TESC 螺旋模型，来解构和重构数字社会的动态秩序。这种跨学科的研究方法，能够让我们在宏观和微观层面上，全方位地把握数字社会的脉搏。

　　我始终铭记，一本书真正的价值在于其对现实的解释力和指导意义。在写作过程中，我走访了许多科技公司、传统企业、政府机构和普通家庭。我看到了技术给人们带来的便利，也目睹了数字鸿沟造成的困扰。我听到了创业者对人工智能大模型的憧憬，也感受到了工人对智能化趋势的忧虑。这些真实的声音和故事，让我的写作不只是单纯地反映在冰冷的数据和抽象的理论之上，而是充满人性的温度和生活的质感。

这本书的创新之处不仅在于开创性的话题选择，更在于专业性和普及性之间的平衡。起初，我的目标就是为普通读者而非学术界同仁撰写一本关于未来生存与探索的书。为此，我力求用简洁明了的语言阐释深奥复杂的理论，以生动具体的案例呈现抽象宏大的概念。无论是面对教育、医疗、就业等方面的紧迫社会问题，还是探讨人工智能、大数据等前沿科技议题，这本书都致力于提供一个系统化、结构化的思考框架。

在写作过程中，我常常想起我的一位学生小李。他来自农村，是家里第一个上大学的孩子。当我第一次向他介绍数字社会学时，我注意到他眼中既有困惑又有渴望。课后，他来找我，说："老师，我想理解这个数字世界，但感觉自己和它的距离太远了。"我告诉他："小李，这个世界正在变化，而你就是这个变化的一部分。理解它，你就能掌控自己的未来。"几年后，当我看到他成功创办了一家科技公司，帮助更多的农村孩子通过网络获得优质教育资源时，我感到无比欣慰。这让我更加坚信，理解数字社会的规则，不只能改变个人命运，更能推动整个社会的进步。

当然，我深知自己的局限性。除了在学识上，我在文笔和叙事风格上也仍有提升空间。但我坚信，本书传递的核心理念——从数字社会学的角度审视即将到来的新时代——具有深远的意义。我们正处于一个物理空间与数字空间加速融合的时代，理解这个新世界的游戏规则，不仅关乎个人的职业发展与生活幸福，而且会直接影响组织的经营策略。

对企业家而言，本书或许能够带来一些关于新的商业模式的启发，帮助他们在数字浪潮中把握先机；对政策制定者而言，它可能会提供一些治理数字社会的新思路，帮助他们在复杂的利益博弈中寻找平衡点；对教育工作者而言，它或许能够帮助他们重新思考未来教育的方向，培养能够在数字社会中茁壮成长的新一代。无论你来自哪个行业、处于哪个人生阶段，我都真诚地希望这本书能为你打开一扇认识数字世界的新窗口，让你在这个瞬息万变的时代中找到前进的方向和力量。

记得在完成初稿的那个夜晚，我站在窗前，望着远处闪烁的城市灯光。那一刻，我忽然意识到，我们正在经历的，不仅仅是技术的进步，更是人类文明的一次重大跃迁。我们正在见证并参与塑造一个新的时代，一个数字与现实交织的奇妙世界。

在这篇自序结束之际，我的心中充满了感激。感谢在（酝酿这本书的）这 18 年间给予我鼓励和支持的每一个人。特别要感谢我的家人，是他们的理解和付出，让我得以全身心投入这项研究。多少个深夜，当我伏案工作时，是他们的默默陪伴给了我继续前行的勇气。我要感谢我的学生们，是他们源源不断的好奇心和创新精神，不断激发我的灵感，让我始终保持对这个世界的热爱和探索欲。最后，我要感谢一直以来支持我的读者。你们的关注和期待，是我笔耕不辍的最大动力。

站在这个新时代的门槛上，我们别无选择，唯有以开放、包容的心态拥抱变革，才能继续从容前行。同时，我们也要保持清醒和警惕，不要被技术的浪潮所裹挟，迷失了人性的本真。

当你翻开这本书的第一页时，你就已经踏上了一段奇妙的旅程。在这个旅程中，你将探索数字世界的奥秘，感受技术变革的脉搏，思考人类社会的未来。让我们一同前行，在这个数字化的星球上，共同探索、共同成长。

唐兴通

于北京一然斋

目　录　CONTENTS

第一部分　人工智能时代的生存法则

第一章
时间：即时的力量与加速社会

第二章
流动的空间：从地理到心理

第三章
网络连接的力量

第二部分　数字社会的动态秩序

第四章
技术驱动：点燃数字社会的引擎

第五章
经济变革：数字财富的重塑与分配

第六章
社会：人们如何适应与改变

第七章
文化涌动：人工智能时代的表达与共鸣

结束语
一切都刚刚开始

参考文献

引子

浩浩荡荡的人类大迁徙

人类正在经历一场前所未有的大迁徙——从物理世界向数字空间迁移。这不只是技术的进步，更是一场深刻的社会、文化和生活方式的变革。

在这个由 0 和 1 编织而成的新世界里，时间被压缩，空间被重构，网络成为连接一切的核心。TSN（时间、空间、网络）模型和 TESC（技术、经济、社会、文化）螺旋模型，为我们解析数字社会的运行方式提供了全新视角。

在数字的汪洋大海中，永远不要忘记，航行的终点是人性的彼岸。

先从一个真实故事开始

62 岁的张大爷刚从四川老家来到北京，帮助儿子和儿媳妇照看刚出生的孙子。离开生活了大半辈子的家乡，来到这个繁华喧嚣的大都市，张大爷心里既兴奋又忐忑。然而，新的环境很快就让他感到不适应：熟悉的乡音难觅，习惯的生活节奏被打乱，甚至连买菜都成了一件困难的事。

张大爷的遭遇并非个例。在这个数字化急速发展的时代，许多老年人面临着类似的挑战。但是，数字技术不只带来了挑战，也提供了解决方案。

张大爷的儿子小张注意到父亲的失落，决定为父亲做些什么。他首先在父亲的手机上安装了短视频应用程序（App），并关注了一批来自老家本地的视频日志（video blog，简称 vlog）账号（都是老人感兴趣的内容方向，突出特点是日常感和真实感）。"爸，你看，这不是咱们镇子路口的那棵老槐树吗？"小张指着视频里熟悉的景象说。

虽然身在北京，但张大爷能通过手机看到用家乡方言配音的搞笑视频、乡邻间的轶事趣闻，以及他感兴趣的养生知识和军事信息。这些数字内容让他感觉仿佛从未离开故乡——虽然他无法每天实地归家，但家乡的鲜活人物、自然景色和本地新闻触手可及，时时与他相伴。

接下来，小张帮父亲添加了老家朋友和邻居的微信好友，这样可以将人际关系与空间有效连接起来。"老张，听说你去北京了？孙子长得怎么样啊？"老家的王大爷通过视频通话问道。

　　张大爷笑得合不拢嘴，仿佛王大爷就坐在他对面。通过这座"数字桥梁"，地理上的千里之遥被瞬间缩短，老友间的交流变得如此便利。

　　随着时间的推移，张大爷不仅学会了如何使用这些 App，还逐渐掌握了数字世界的规则。"儿子，我把微信运动的步数兑成公益捐赠款项了，没想到还可以这么做。"张大爷骄傲地表达出了自己的变化。

　　关注、点赞、评论、分享……这些曾经让张大爷感到陌生的网络用语，现在张大爷已经能够熟练运用。他甚至开始在抖音上分享自己在北京的新生活，吸引了不少老乡的关注。

　　然而，对数字社会的融入并不是一蹴而就的。小张还常常陪父亲参加同乡会，帮助他在现实世界中建立新的人际关系。线上与线下的结合，让张大爷的北京生活变得丰富多彩。

　　这个案例生动地展示了数字社会对老年人生活的深远影响。通过数字技术，老人们不再被限制在物理空间中，而能够重新连接他们喜欢的社群，甚至发现新的兴趣爱好。这不仅提升了他们的生活质量，而且为他们的晚年生活增添了更多的乐趣和意义。

向数字空间迁徙，开始"诗意地栖居"

在人类的历史长河中，空间不仅仅是一个物理概念。它是人们赖以生存、思考和创造的场所，见证了人们的迁徙、人们生活方式的演变，以及文明的发展。

如今，随着数字时代的到来，我们正在经历一场前所未有的迁徙：从物理世界向数字空间的迁移。这场迁徙并非简单的技术进步，而是深刻的社会、文化和生活方式的变革，带来了无尽的可能性和充满诗意的栖居方式。

1. 从自然环境到工业工厂：空间的演变

回顾人类历史，空间一直在塑造着我们的生产和生活方式。在原始社会，人类以采集和狩猎为生，活动空间被自然环境所界定，森林、草原、河流等成为生活的舞台。人类逐水草而居，生活方式与自然紧密交织，空间与时间在这段时期内几乎合二为一，人类的生活节奏随着日出日落、季节变化而流动。

农业革命改变了一切。人类不再是流浪的游牧者，而开始被固定在特定的土地上耕种，农田成了新的生活中心。我们从大地的守护者转变为开垦者，生产空间被农田、村庄和城镇所限定，人对自然逐渐从依赖转向控制。然而，这种空间的局限也带来了对劳动力的束缚，土地成了人们活动的"枷锁"。

到了工业时代，空间再次发生巨变。随着机械化趋势的到来，工厂成为生产活动的核心，人们从广袤的田野上转移到了狭窄的工业车间中。城市化浪潮随之兴起，广袤的乡村逐渐被充斥着钢筋水泥的城市所替代。空间的重新分配加速了社会结构的重组，城市变成了生产与消费的枢纽，人们的生活节奏也因此加快。工业革命不仅改变了我们的生产方式，而且深刻影响了我们的居住模式、生活方式和社会组织方式。

2. 数字迁徙：从物理世界到数字空间

今天，我们又站在了新一轮迁徙的起点。数字化浪潮席卷全球，我们的生产和生活空间正逐步从物理世界转向数字空间。这场迁徙不仅仅是生产方式的变革，还是对生活方式、文化表达乃至人类关系的重塑。

在物理空间中，我们的活动总是受到地理距离的限制。工作地点、教育资源和社交活动都依赖于特定的物理位置。然而，随着互联网和数字技术的普及，数字空间正在成为一个新的生产、生活和交流的舞台。在数字空间中，信息不再受限于地域，资源也能够被瞬间传递。我们可以在世界上的任何一个角落与他人协作、交流、创造，无须考虑时间和空间的限制。

3. 诗意地栖居：数字空间的新可能

人类向数字空间的迁徙不仅仅意味着技术的进步，它也为我们重新定义生活方式带来了无限可能。海德格尔曾提到"诗意地栖居"，即人类在世界上以一种充满意义和诗意的方式生活。而数字空间，或许正为我们提供了这样一个新的栖居地。

在物理空间中，建筑和自然景观构成了我们的栖居场所，而在数字空间中，网站、应用程序、社交网络则成了我们活动的载体。数字空间中的栖居是一种更加自由、灵活和个性化的体验。我们可以根据自己的需求和喜好，选择不同的数字社区，参与不同的在线活动，并创造属于自己的虚拟空间。

　　未来的栖居方式，就在我们与数字空间和物理世界的互动中诗意地展开。

是时候换个角度看世界了

　　在当今社会，传统的物理空间和人际关系成了许多年轻人寻找合适伴侣的阻碍。以深圳为例，这座移民城市的大部分居民都来自外地，年轻人的人际关系，尤其是亲戚关系，大多仍在家乡。这使得深圳的单身男女在交友和婚恋方面的选择面变得狭窄，通过朋友或家人介绍成功的机会也大大减少。

　　除了深圳，北京和上海的适婚单身男女数量已经超过 200 万，全国其他城市的单身人群也在日益壮大。他们暂时没有找到合适伴侣的原因多种多样，但总结起来，"交际面窄、缺乏机会"和"工作繁忙、没有时间"是最常见的原因。这些因素让他们开始转向数字空间寻找爱情和婚姻的新可能。在这样的背景下，网络婚恋平台应运而生，将传统的婚介服务搬到了数字空间，成为现代版的"红娘"。

　　爱情对于每个人都是公平的，数字空间只是一个新的舞台和工具，并不会改变爱情的本质。网络上的爱情同梁山伯与祝英台、罗密欧与朱丽叶的爱情在本质上是一样的。关键在于人们如何利用这个工具，正确把握自己的爱情。在数字时代，爱情不一定是偶然的邂逅，也可以是精心设计的相遇。数字空间为人们提供了更多的选择和机会，但建立真正的爱情仍然需要双方的真诚、理解和努力。

　　在这个充满机遇和挑战的时代，年轻人应该勇敢地拥抱数字空间，充分利用其优势，拓展自己的人际网络。同时，也要保持理性和警惕，在追求爱情的过程中保护好自己。我听过这样一句话："机遇只会垂青有准备的头脑。"在数字时代，爱情也不例外。

为此，如果你换个角度看待世界，你可以这样认为：

（1）　淘宝、亚马逊不再是网站，而是繁华的"数字商业街"。

（2）　微信、微博变成了热闹非凡的"虚拟茶馆"。

（3）　慕课（MOOC）、网易公开课是永不关门的"知识图书馆"。

（4）　抖音、快手俨然是24小时不打烊的"才艺展示舞台"。

（5）　小红书、B站①是无处不在的"口碑传播机"。

（6）　网络婚恋平台化身为能力不俗的"虚拟红娘"。

（7）　支付宝、微信支付成了"数字钱包"里的"万能银行卡"。

（8）　政务App是永远在线的"虚拟政务大厅"。

……

数字空间不是现实世界的替代品，而是它的延伸。

从传统社会迁徙到数字社会这个过程持续的时间可能长达几十年甚至上百年，而当下的许多人并不清楚自己正身处这样一个社会变革的大背景下。例如，金融、零售以及相关行业的许多从业者并没有真正理解人类活动正在从物理空间迁徙到数字空间对他们而言意味着什么，只拘泥于传统认知，将自身的商业行为聚焦在线下3～5公里范围内的物理空间，由此引发了一定程度的失范、无序与焦虑。这些人常常只是简单地把它们归因于互联网的发展、行业的"内卷"，他们甚至会敌视数字技术的创新与变革。

当我们站在历史的角度观察数字社会的变迁时就会意识到，这其实是社会范式的大转变，堪称"几百年一遇的大变局"。

---

① 即"哔哩哔哩"网站。作者在本书中将其简称为"B站"。——编者注

　　生存空间的变化带来了游戏规则的改变，为了适应变化，我们过往的世界观与对相关规则的认知，到了数字社会需要加以调整。为此，我们需要去验证、刷新，甚至重构。我经常会打个简单的比方：你家本来住在内蒙古的大草原上，你从小被培养的能力是骑马的能力。但现在，人们突然把你的家搬到舟山群岛的一座小岛上，想要在这个空间中生存下来，你需要的是驾船和捕鱼的能力。你掌握的生存技能和熟悉的竞争规则都需要发生改变。现在这个社会是数字空间与物理空间并存的数字社会，我们都无法逃开。在时代变革的背景下，我们应该积极拥抱和洞察数字社会的游戏规则。

在数字洪流中，无知比无能更可怕

　　来做个选择题：你的孩子大学毕业，有在以下几个地方工作的机会，你会如何选择？

A. 银行网点

B. 地方电视台

C. 中学

D. 国家电网

E. 汽车 4S 店

　　你做选择的依据是道听途说的福利待遇，还是职业方向带来的未来机会？想要做出明智的选择，就必须理解数字社会时代的分工方式。

　　这五个组织在社会中扮演的角色本质上都是媒介或渠道。在整个商业或社会体系中，一端是生产者（供给端），其产品可以是物质产品，也可以是教育或各种服务；另一端是消费者（需求端）。而产品和服务要从生产者抵达消费者，中间总会有一个角色——媒介或渠道（见图 1-1）。

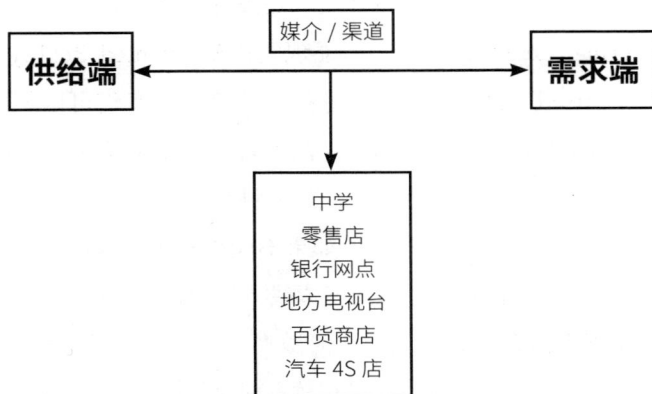

图 1-1　供给端和需求端之间需要媒介或渠道

在职业领域，这些媒介或渠道变成了客户经理、教师、汽车销售等。在公司组织形态上，它们变成了中学、百货商店、银行网点、汽车4S店等。这些组织或工作岗位之所以能在农业社会和工业社会体系中存在，主要是因为时间和空间的"呵护"。我们的身体无法同时出现在多个地方，时间和空间的约束导致我们需要一定的组织或个人来扮演生产者和消费者之间的媒介角色。

然而，随着数字社会的发展，物理意义上的时间和空间的约束正在被逐渐打破。数字社会对传统的、基于时空构建的组织、职业、谋生技能产生了巨大的影响，这样的影响如秋风扫落叶般席卷而来。

地方电视台本质上是电视剧和其他节目的本地化媒介和渠道。试问，现在的年轻人看电视剧还会通过地方电视台吗？地方电视台如果不积极寻找创造社会价值的新方式，其在数字时代的发展前景可想而知。

过往，传统供销社是货物流动到乡镇的媒介，教师则是知识流动到乡镇的媒介。由于时间和空间的限制，知识和信息的传播需要大量教师参与。然而，数字社会的典型特征之一是去时空化。随着空间计算及虚拟现实（Visual Reality，VR）、增强现实（Augmented Reality，AR）、混合现实（Mixed Reality，MR）等技术的流行，我们可以想象得出，当精选的特级教师讲授每门课程时，孩子只需要接入网络、佩戴类似空间计算的装备，就能高效地获得优质的学科知识资源，完成传统意义上的学习过程。在偏远乡镇的教师，如果不能积极改进自己的授课形式，未来很可能会从教学岗位上调离或变成线下教学辅助人员。

如果孔子生活在今天，他会如何做呢？我想，孔子会顺应时代的潮流，利用数字工具，将他的思想和教育理念传播得更广、更远。他不会拘泥于传统的教学方式，而会探索数字空间的无限可能，推动教育的变革与创新。

我们必须积极探究数字空间的新规则与运行秩序。只有这样，我们才能在这个飞速发展的时代中找到属于自己的位置，实现人生的最大价值。

数字社会学：
一场异于传统社会学的变革

在某个寒冷的冬夜，一群人围坐在一家温暖的咖啡馆里，讨论着当代社会的变迁。有人谈起了他们的长辈对社会结构的理解，那是一种建立在家庭、社区和工作单位之上的社会网络，而其中一位年轻人拿出手机，翻开社交软件，打趣着说道："我们的时代可不再是这样了。"

当传统社会学与数字社会学相遇时，我们看到的是两种社会样貌的碰撞。传统社会学所强调的稳定性、积累性和物理空间仍然影响着许多人的生活方式；数字社会学则见证了加速性、流动性与非线性社会关系的崛起。如何在二者之间寻求平衡，将是每个人都需要思考的问题。

1. 从街角到云端：社会学研究的新旧"战场"

如果说费孝通的《乡土中国》描述的是一个缓慢演化的社会，那么如今我们正身处一个瞬息万变的社会。费先生提出的"差序格局"曾让我们理解村落中人际网络的结构：亲疏有别、远近有序。然而，当我们转向今天的数字空间，问题立刻变得复杂起来：你可能会在一个微信群里与完全不相识的人热烈地讨论某个话题，同时与同一屋檐下的家人却少有互动。数字社群的"差序"不再建立在血缘、地缘上，而是一种由兴趣、话题和即时情感推动的"流动格局"。面对这场变革，传统社会学该如何进行解读？

传统社会学就像一位经验丰富的街头观察者，长期以来一直在研究人们在现实世界中的互动、关系和社会结构。它关注的是我们能够直接观察和接触到的东西：家庭结构、社区组织、工作场所动态等。这位"街头社会学家"用心记录着城市的脉搏，倾听着人们的故事，试图揭示社会运作的基本规律。

而随着人工智能和数字技术的飞速发展，一个新的研究领域——数字社会学——应运而生。这位"云端观察者"把目光投向了数字世界：社交媒体平台、在线社区、数字经济等。它试图理解在这个由比特和像素构成的新世界中，人们如何互动、如何建立关系，并如何重新定义自己的身份。

我采访过一位患有罕见疾病的年轻女性，她告诉我，她在现实生活中几乎找不到愿意倾听她讲述病情的朋友，但在一个在线病友社群中，她得到了共鸣与支持。这是传统社会学没有试图系统化地解释的现象："数字"空间不只是逃避现实的地方，它往往还能成为真正的庇护所。

2. 流动与稳定：当"流动性"取代"稳定性"成为主流价值

传统社会学强调结构、阶级、组织。这些概念对解释 20 世纪的社会确实卓有成效——阶层分明、权责分配清晰，每个人在家庭、工作、社会中都有稳定的身份和位置。但在数字社会学的视角下，这些稳定的结构正在瓦解，人们的角色变得流动起来。在如今的数字时代，我们正在进入一个"流动社会"（Fluid Society），在这个社会中，一切都是暂时的、灵活的、易于改变的。

让我们来看一个更具象的例子：在社交媒体上，一个没有太大影响力的普通用户，仅凭几条引发广泛讨论的短视频，就能在短时间内拥有比传统社会精英更大的影响力。而在传统社会学中，这种短期的影响力很多时候是被忽视的，因为一般的影响力更多地依赖固定的阶级关系和资源分配情况。在这里，我想提出一个独特的新概念："流动权力"（Flowing Power）。这种权力不再固化在某个阶级或组织中，而是不断在信息、情绪和关注的涌流中转移，时而集中，时而分散。今天你的追随者很多，明天或许因为某个热点话题，他们会转而追随另一位博主。

这正是传统社会学没有试图解释的地方。它过于依赖固定的社会结构，却难以看见我们身处的这个世界，正在因数字流动性而产生新规则、新秩序。

不仅如此，社交关系也开始有流动性。你可能今天和一个人在网络上建立了深厚的关系，明天却再也不交流。在这个瞬息万变的世界中，稳定性不再是社会的主流价值，而流动性、灵活性和适应性成了人们的新目标。数字社会学正是对这种流动性的深入剖析，能让我们更好地理解现代社会关系的变迁。

在流动的数字社会中，稳定性已成为过去，快速适应才是生存之道。

3. 从稳定身份到多重身份

"在互联网上，没有人知道你是一条狗。"

这句出自彼得·斯坦纳的著名漫画标题揭示了数字空间带来的一个核心问题：身份的流动性和多元性。在传统社会学的视角下，一个人的身份往往是相对稳定的，受到职业、家庭背景、教育程度等因素的影响。所谓的"数字化人格分裂症"不是一种病态，而可能是数字时代的常态。[①]

你可能在领英上是个专业人士，在小红书上是一名生活达人，在匿名论坛上又有着另一个身份。这种身份的流动性和多样性让我们不禁要

---

① 约斯·德·穆尔. 赛博空间的奥德赛 [M]. 桂林：广西师范大学出版社，2007.

问：哪一个才是真正的你？或者说，这些都是你的一部分？

这种身份的流动性带来了前所未有的自由，但它也引发了一系列新的社会问题。例如，网络欺凌、身份盗窃、虚假信息的传播等，都是传统社会学框架没有充分解释的现象。数字社会学需要提供新的理论和方法来理解这种"数字化身份"（Digital Persona）的形成及其影响。

4. 从宏观结构到微观网络

传统社会学常常关注宏观的社会结构和制度，讨论阶级、性别、种族等宏大议题，试图解释社会不平等的根源和社会变迁的动力。这些理论为我们理解社会提供了重要的框架。

数字社会学则更多地聚焦于微观的社会网络和个体行为，关注信息如何在社交网络中传播，分析网络结构如何影响个人观点的形成。这种视角让我们得以更细致地理解社会运作的微观机制。例如，近来海外的一个研究热点是"数字化社会资本"。它指的是个人在数字世界中积累的关系网络、信誉和影响力。这种新型社会资本正在重塑传统的社会阶层结构。

5. 社会问题：从物资匮乏到信息过载

传统社会学在工业化时代蓬勃发展，那时我们主要关注的是物资匮乏、劳资矛盾等问题。我们探讨如何提高生产效率、如何更公平地分配社会资源。

而在数字时代，对我们影响更大的是截然不同的社会问题。信息过载、算法歧视、网络成瘾、数字鸿沟……这些都是我们在数字社会中面临的新挑战。我们需要思考：如何在信息海洋中坚持理性判断，以及如何确保技术进步不会加剧社会不平等。这种转变引出了一个值得深思的主题——"数字化生存焦虑"。在这个信息爆炸的时代，很多人感到无所适从，害怕被时代抛弃。如何缓解这种焦虑，成了一个研究热点。

6. 结语：不了解数字空间，就无法真正理解 21 世纪的社会

传统社会学扎根现实，为我们提供了理解社会的基础框架和方法论；数字社会学则为我们打开了探索新社会的新窗口。二者并不是对立的，而是互补的。我们需要的是一种"混合视角"，它能够让我们在现实和虚拟之间自如切换，在稳定结构与流动网络中寻找平衡。

作为一个普通人，你可能会问：这些转型和变革与我有什么关系？事实上，它们深刻影响着你的日常生活。当你使用社交媒体时，你就是数字社会的一分子；当你感叹人与人之间的关系变得更疏远或更亲密时，你就在见证着社会关系的数字化重构。

理解这些变化，不仅能帮助你更好地适应数字时代的生活，而且能让你对自己的数字行为有更清醒的认识。在这个信息爆炸的时代，坚持独立思考并运用批判性思维比以往任何时候都更加重要。

最后，让我们记住：无论是在现实世界还是数字空间中，一切研究的核心始终是人。理解人性、探索社会关系、推动社会进步，才是数字社会学的主基调。

数字社会的游戏规则：时空网（TSN）模型

数字社会是个看似抽象的概念，我们可以用三大变量来描述数字社会的游戏规则——时间（Time）、空间（Space）和网络（Network），简称"时空网"，它们共同组成了时空网模型，即 TSN 模型（见图 1-2）。这三大变量相互作用，重新定义了我们的生活方式。与农业社会依赖土地和季节、工业社会依赖机器和效率不同，数字社会的游戏依赖这三大变量的重组与融合。

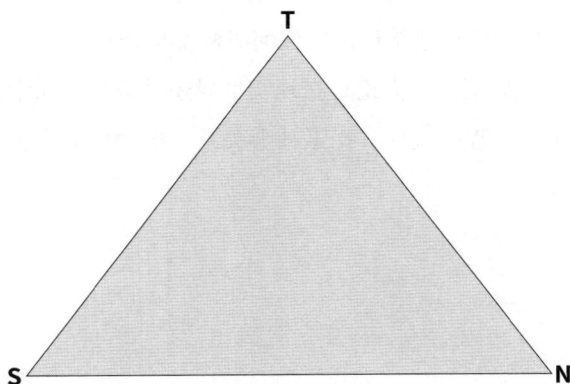

图 1-2　TSN 模型示意图

在数字社会中，时间被压缩、延伸，信息的传播与交流不再受到传统时间的限制，人们的活动网络具备实时性与灵活性。从前，人们的活动空间受到物理世界的限制，人与人之间的关系也会受到邻近性的影响；如今，数字空间无边无际，突破了物理限制，个体可以在虚拟的、流动的空间中跨越地理的边界，轻松地建立和维系灵活的社交关系。

人们的交流和连接从过去依赖物理接触的互动方式，转变为便捷、即时、动态的数字互动。人与人的关系建立、信息的传播，都在网络中迅速实现，但这些连接往往也更加短暂和表面化。

数字社会中的一系列现象，背后是时空网三大因素的组合与互动，它们共同构建了新的社会结构和行为规则。理解这三者的相互作用，就是读懂数字社会运行秩序的关键。

换言之，如表 1-1 所示，人类在进入数字社会后，主要通过时间、空间与网络连接的变化，来塑造数字社会的游戏规则。

表 1-1　物理社会与数字社会的对比

维度	物理社会	数字社会
时间	• 时间是线性和连续的 • 活动受限于时间的顺序性和持续性 • 体验时间的方式常与生活节奏和地理位置相关	• 时间可被压缩或伸展，具有更高的流动性和灵活性 • 可以实时访问信息 • 网络活动不受传统时间界限的限制，如 24×7 的在线文化
空间	• 空间是具体和有限的，受物理界线和地理位置限制 • 交流和互动需要在特定的地点进行 • 人际关系和社交网络受地理邻近性的影响	• 空间是虚拟的、被想象出来的，可以无限扩展 • 流动的空间，不受传统物理位置限制 • 社交网络和人际关系跨越地理界线
连接特点	• 连接依赖于物理接触或传统通信方式 • 社交网络局限于能够实际接触到的人 • 连接的建立和维系需要更长时间和更多的努力	• 连接充满了动态和变化 • 连接变得前所未有的便捷 • 在线连接可以快速建立，但也可能是更表面或短暂的

时间：即时的力量与加速社会

正如前文所述，时间被压缩了，也被重新定义了。

时间被压缩和重新定义确实是数字社会的一个显著特征，这与数字技术和全球互联网的发展密切相关。加速一直是人类主动做出的行为，罗伯特·科尔维尔在《大加速》①一书中指出，时间压缩、社会加速看起来是件好事，而且是我们主动的选择。

随着网络的普及和技术的进步，这种压缩和加速反映在许多方面。

首先，通信的速度变得更快。过去，人们通过邮寄信件这种传统方式来进行沟通，需要花费相当长的时间传递信息。而现在，随着电子邮件、即时通信工具和社交媒体等媒介的出现，一条信息可以在瞬间被传送到对方手中，这使得交流变得即时化。这种即时性使得我们能够更加快速地分享想法、表达情感和获取信息，极大地改变了我们的生活方式。

决策的速度也变得更快。传感器技术的发展使得人们能够实时监测和收集海量数据，例如交通状况、天气预报和环境监测数据，这意味着个人、企业和政府可以更快速地做出决策。

其次，商业活动得到了加速。过去，商业活动受到物理距离和时间的限制。在数字社会中，随着在线平台和电子商务的发展，人们可以跨越地域和时区的限制，随时随地进行商业交易。这意味着产品可以被更快地运送到消费者手中、服务可以被更快地提供给客户、商业决策可以被更迅速地做出，从而为商业运作的整个过程提速。

最后，信息获取和知识传播的过程也得到了极大的加速。过去，人

---

① 罗伯特·科尔维尔.大加速：为什么我们的生活越来越快[M].张佩，译.北京：北京联合出版公司，2018.

们主要通过阅读图书、杂志和报纸等传统出版物来获取信息和知识，需要花费大量的时间和精力。而今天，互联网和智能手机的普及使得信息随时可得。通过搜索引擎和在线内容平台，我们可以在瞬间获得海量的信息和知识。这种加速有助于我们更快地学习、更新知识并参与社会讨论。在线学习和远程教育的兴起使得全球化的知识传播更加快捷。学生可以随时随地享受教育资源，并与教师和同学进行互动，不再受到传统教育方式的地域限制。

然而，时间的压缩和社会发展的加速在带来许多便利的同时，也引发了新的问题。人们可能会感到时间管理方面的压力，难以摆脱持续的焦虑感。社交媒体和电子邮件的即时性可能会导致 24×7 的工作文化，从而对我们的个人和家庭生活产生负面影响。

信息的即时性可能会导致信息过载和信息碎片化，所以我们需要更好地筛选和处理自己接收的内容。同时，过度关注即时性会导致对长期规划的忽视和深度思考的缺乏。因此，在享受时间"大加速"的好处的同时，我们也需要保持对时间的有效管理，注意平衡和取舍。

总的来说，数字社会对时间的定义已经深刻地改变了我们的生活方式、商业模式和社会互动方式。随着加速趋势的延续，它将重构许多领域的游戏规则并带来更多的机遇。因此，我们需要深入理解时间这个变量，以更好地应对这个快速变化的数字社会。

流动的空间，从地理到心理

数字空间就其本质而言是无边无际的，是一个没有地理或物理界线的领域。这种与物理空间的不同既令人感到自由又令人感到困惑。

不论你身在何方，只要有网络，你就可以与任何人建立联系。空间的限制被大大削弱，这给了我们更多的自由，同时也带来了新的挑战。

想象一下，你坐在家中，最好的朋友却远在海外。曾经，这种距离可能会让你们感到疏远，但现在，你们可以每天共同探险、合作，或者简单地聊天，这可能只是因为你们在玩同一个网络游戏。这就是数字空间的魅力所在，它让空间从地理维度上的概念扩展为心理维度上的概念。

在这个数字时代，空间不再意味着距离和隔阂，相反，它变成了一种共同兴趣和共同心理状态的划分方式。数字空间建立了另一套社会运行规则，通过论坛、社交平台和游戏娱乐，拥有相同爱好的陌生人可以和彼此成为朋友。

总之，数字社会已经将空间的定义从地理层面转向了心理层面。人们可以在数字空间中建立深厚的关系、分享共同的兴趣和心情。这为我们带来了一种全新的情感体验方式。

在数字空间中，传统意义上的地理距离变得微不足道，这挑战着我们既定的地点、身份和社区观念。在一个与我们的物理位置完全无关的空间里，"家"在哪里？数字景观模糊了本地与全球、有形与抽象之间的界限。在这个由数字空间构成的新社会中，基于地点的身份和归属感概念被深刻地撼动了。

网络：连接的力量

最后，让我们来探讨网络在数字社会中的作用。可以说，网络连接了时间和空间，主宰着数字社会的构成方式。网络是这个时代的核心，它连接着人、设备和信息。数字社会中的关系和社交活动主要依赖于网络连接的存在。

网络不只是电脑和电脑之间的连接。人与人、人与信息，甚至是人与物体，都可以通过网络连接在一起。你可能因为一篇博文认识了一个志同道合的朋友，或者因为一条网络评论改变了对一个产品的看法。

在数字社会里，人与人之间的连接不再是单一的、线性的，而是网状的。每个人都是网络中的一个节点，与其他节点建立着各种各样的联系。一个人可以通过多个平台、使用多种方式与其他人建立联系。

数字社会里的你和我不再是孤立的个体。我们通过社交媒体、聊天软件、在线论坛等与其他人建立不同形态的连接。每个人都在这个网状结构中与其他节点相互影响。

1. 社会网络中的弱关系和强关系

在现实生活中，我们都有一些和自己非常亲近的人，比如家人、密友，可以把我们和他们之间的关系称为"强关系"。然而，你是否曾注意到，有时候，身边的那些"弱关系"①，比如朋友的朋友或是偶尔在聚会上见到的人，可以带给自己一些非常有价值的信息和机会。

在数字社会里，这一点尤为重要。网络世界打破了时间和空间的局限，你可以在任何时间、任何地点连接到世界上的任何一个人。这意味着你可以更容易地建立弱关系。你可能从来没有见过某个人，也不会和对方天天聊天，却能通过网络平台与对方交换有价值的信息。

这些弱关系像是社交网络中的"桥梁"，它们分别连接着不同的群体和信息，使得信息和社会资本能够更有效地流动。

---

① 马克·格兰诺维特. 镶嵌：社会网与经济行动 [M]. 罗家德，译. 北京：社会科学文献出版社，2015.

2. 中心化与去中心化网络

中心化网络的运作，就像是有个人在指挥一切。在中心化网络中，所有信息、资源和权力都流经一个或几个核心节点。它的优点是效率高，因为指令是从上到下传达的，大家都清楚应该做什么。它的缺点是，这样的网络容易出现信息过滤瓶颈，一切都得经过核心节点。

反观去中心化网络，它像是由一个没有领导者的群体组成的，每个人都有发言权。在这样的网络中，没有单一的核心节点控制一切，信息和资源可以自由流动。听起来很美好对吧？但它的缺点也明显：一是效率可能会低一些，没有"指挥中心"来确保大家朝同一个方向前进；二是质量不容易控制，任何人都能加入进来。

不同的网络结构对我们获取信息、建立人际关系，甚至看待权力和自由的视角都有深远的影响。在中心化网络中，我们可能更容易获得"官方"的或"权威"的信息，但在去中心化网络中，我们可能更容易接触到多元化的、"草根"的声音。

3. 网络交互错综复杂：连接与矛盾

数字空间是由错综复杂的网络构成的。一方面，这些网络为全球连接提供了空前便利的机会。它们能够促进信息的快速传播，为不同的声音创建平台，并推动社会变革；它们也有能力打破传统的障碍，将来自不同背景的个体聚集在一起，培养他们的全球社区意识。

另一方面，这些网络也培养了"回音室"，志同道合的人们可以在其中强化自己的理念。算法强化着我们的网络现实观，向我们展示它认为我们想看到的东西，这常常将我们困在信息茧房中。连接联通性的悖论在于，它也会滋生分裂，让人们陷入自己设置的孤岛。

TESC 螺旋模型：数字社会的动态秩序

在这个人工智能和数字化日渐融合的世界中，许多人可能会感到困惑和迷失。经过多年的研究与思考，我在复盘历史上的新科技成果（如火药、铁路、通信技术、电视机等）与社会互动的历史和过程后提出了 TESC 螺旋模型。TESC 即技术（Technology）、经济（Economics）、社会（Society）和文化（Culture）的缩写。这个模型不仅能够帮助我们理解数字社会的运行机制，而且为我们提供了一个强大的工具来预测和应对未来的变革。接下来，让我们以火车的发展为例，看看 TESC 螺旋模型的分析应用。

火车技术与社会的 TESC 螺旋模型：从铁轨到文明的进程

（1）技术：不仅仅是"铁路"，更是人类文明的加速器

火车，这个看似简单的发明，其实是人类历史上最具革命性的技术突破之一。它的诞生源于一个朴素的愿望：让人们和货物更快地从 A 地移动到 B 地。后来，这个简单的愿望引发了一场影响全球的技术革命。

早期的蒸汽机车，虽然在现代人看来简陋而缓慢，在当时却是惊世骇俗的存在。它以每小时 30 ～ 40 公里的速度奔驰，这远远超过了马车的速度。这种速度在 19 世纪初期简直是不可思议的，人们甚至担心如此快的速度会导致乘客窒息。

随着时间的推移，火车制造技术不断改良。电气化铁路的出现，使

得火车的速度和运行效率大幅提升。高速铁路的发展，让跨国旅行变得像城际旅行一样便捷。

值得注意的是，火车技术的发展并非孤立的过程。它推动了冶金、机械、电子等多个领域的技术进步。例如，为了建造更快、更安全的火车，工程师们不得不开发出更坚固的材料、更精密的机械加工技术，以及更先进的信号控制系统。这些技术的突破又反过来促进了其他行业的发展，形成了一个良性的技术进步循环。

(2) 经济：不只开火车，还开辟了市场，重塑了经济地理

火车给人们的生活带来了深远的经济影响。它彻底重塑了经济地理、创造了新的市场，并改变了产业结构。

首先，火车大大降低了运输成本，扩大了市场范围。在火车出现之前，运输主要依靠马车和船只完成，成本高昂且速度缓慢。火车的出现使得大宗商品（如煤炭、粮食等）能够长距离、低成本地运输，这极大地促进了区域之间的贸易。

其次，火车带动了一系列相关产业的发展。钢铁业、煤炭业、机械制造业等都因为铁路运输的需求而迅速发展。例如，在 19 世纪中期的英国，铁路公司成了巨大的钢铁消费者，极大地推动了钢铁产业的发展。

再次，火车站周边往往会形成新的经济中心。许多小镇因为成了铁路枢纽而迅速地发展为繁华都市。美国的芝加哥就是一个典型的例子，它从一个小村庄发展为美国中西部的经济中心，很大程度上得益于它成了一个重要的铁路枢纽。[①]

此外，火车还创造了全新的就业机会。从列车员、工程师到站务人

---

① 小艾尔弗雷德·D.钱德勒.看得见的手：美国企业的管理革命 [M].重武，译.北京：商务印书馆，2017.

员，铁路业直接雇用了大量劳动力。同时，与铁路相关的服务业（例如，提供住宿、餐饮等服务）也蓬勃发展，为更多人提供了就业机会。

最后，值得一提的是，火车还推动了金融业的发展。铁路建设需要大量资金，这促进了股票市场和债券市场的发展。许多现代金融工具，如公司债券，就是在铁路融资的过程中发展起来的。

(3) 社会：世界因火车而变小，社会因火车而变革

火车对社会的影响是多方面的。

首先，火车的出现大大增加了人口流动性。在火车出现之前，大多数人一生都生活在出生地附近。火车使得长途旅行成为可能，且相关成本大众均可负担，人们可以更容易地离开家乡，去其他地方寻找发展机会。这推动了城市化进程，也加速了不同地区文化的交流和融合。

其次，火车改变了人们的时空观念。在火车出现之前，人们对距离的感知主要基于步行或马车的速度。火车的出现使得原本需要几天甚至几周的旅程缩短为几个小时，这种"时空压缩"的体验彻底改变了人们对时间和空间的理解。

再次，火车促进了信息的传播。在电报出现之前，报刊和邮件主要依靠马车运送。火车的出现大大加快了信息传播的速度，这对新闻业、邮政业等都产生了深远影响。

此外，火车还改变了社会的组织方式。为了适应火车的运行，社会需要建立统一的时间标准。1883年，美国和加拿大开始使用"标准时间"，这在很大程度上是为了适应铁路运营的需要。这种统一的时间观念对现代社会的形成产生了深远影响。

最后，火车也带来了一些社会问题。例如，铁路的修建有时会侵占一些人的土地，引发社会矛盾。同时，火车作为一种新兴的交通方式，

也带来了一系列安全问题，需要相关法律法规的制定和完善。

(4) 文化：汽笛声中的浪漫与传承，轨道上的文明印记

火车不只是一种交通工具，更是一种文化符号，它深深地嵌在人类的集体记忆和文化想象中。

首先，火车成了文学艺术创作的重要主题，以阿加莎·克里斯蒂的《东方快车谋杀案》为代表的无数文学作品均以火车为背景或主题，描绘了人性、社会和时代的变迁。在电影艺术中，火车更是常常扮演重要角色，典型的例子是宫崎骏的《千与千寻》。

其次，火车站成了城市的文化地标。许多历史悠久的火车站，如巴黎北站、伦敦圣潘克拉斯车站，不只是交通枢纽，更是建筑艺术的杰作，是城市文化的重要组成部分。

再次，火车旅行本身也成了一种文化。例如，在一些西方国家，乘坐火车环游欧洲是许多年轻人的梦想。在中国，在春运期间挤火车回家成了一种独特的文化现象，反映了中国人的家庭观念和社会文化变迁的历程。

最后，火车还推动了一种新的时间文化的形成。准时开始成为一种美德，这不仅影响了铁路系统，还影响了整个社会的时间观念。"铁路时间"（Railroad Time）的概念自 19 世纪以来逐渐被广泛采用，这直接促进了全球时间标准化的进程。

(5) 结语

火车，这个在我们眼中已成为日常的科技发明，实际上是人类文明进程中的一座重要里程碑。它不仅仅是一项技术革新，更是促进经济发展的引擎、社会变革的推动者和文化演进的见证者。通过使用 TESC 螺旋模型进行分析，我们可以清晰地看到，技术创新是如何深刻地影响经济、社会和文化的方方面面的。

就像火车改变了 19 世纪和 20 世纪的世界一样，我们今天所经历的数字变革，也正在以类似的方式重塑着我们的世界。从某种意义上说，数字化之路就是我们这个时代的"铁路"，它正在以前所未有的方式连接着世界，推动着新的经济模式、社会形态和文化现象产生。

理解了火车如何改变世界，我们也可更好地理解和把握当今的数字化趋势带来的机遇和挑战。无论是火车还是互联网，它们都在诠释着一个永恒的主题：技术如何塑造人类文明，以及我们如何在这个不断变化的世界中找到自己的位置。

每当新技术出现时，它们首先影响的都是我们的生产方式和生活方式。技术刚开始更多地是在解决问题，是功能导向的。然后，技术引起的变化会逐渐渗透到经济层面。新技术的应用能够提高生产效率、改变市场结构，甚至催生全新的市场需求和行业。

接下来是社会阶段。随着经济的发展和变化，社会结构也会开始发生变化。新的职业出现，旧的职业消失，工作与教育的关系也在被重新塑造。技术和经济的发展推动了社会价值观的演进，人们的生活方式和互动方式也随之改变。

最后是文化。文化是社会的镜子，反映了社会的内在价值观和信仰。随着技术、经济和社会的发展，我们的文化观念和表达方式也在悄然发生变化。从流行音乐到电影、从艺术到文学，层出不穷的文化作品不断反映着技术演变所带来的影响。

1. 非线性的复杂交互

TESC 螺旋模型的核心在于它不是线性的，而是螺旋式的，其中的各个阶段相互交织、相互影响。我们不可能在完全结束一个阶段后才开始另一个阶段；相反，这些阶段是同时并行、相互促进的。TESC 螺旋模型更像一个动态螺旋，它会不断地进入新的循环和新的阶段，每一次循环都在之前的基础上增加新的复杂性和深度（见图 1-3）。

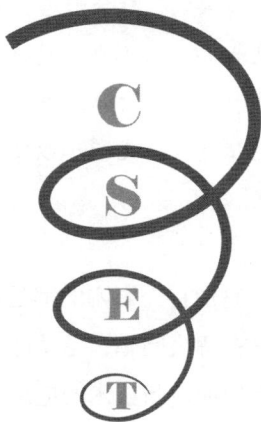

图 1-3　TESC 螺旋模型示意图

2. 技术和经济：初期驱动与商业化

在数字社会形成和发展的过程中，技术通常是第一推动力，而技术的普及和应用必然引发经济层面的变革。从最初的技术创新逐渐过渡到商业化应用，这一阶段经常伴随着人们对各种商业模式和盈利方式的探索。

3. 社会与文化：深度融合与价值重塑

技术和经济因素逐渐稳定后，数字社会开始更多地与社会文化层面交融。这不仅会改变人们的社交模式和思维方式，还会在不知不觉中推动文化价值观的变革和新文化的诞生。

4. 数字社会：典型的 TESC 螺旋模型

无论数字社会将如何变化，其运行秩序和机制在大体上将继续沿着 TESC 螺旋模型的路径发展。每一次新的技术突破或社会变革都将成为这个螺旋的新起点，进一步推动数字社会向更高、更复杂的层次发展。

TESC 螺旋模型不仅为我们提供了一种全面和动态的视角来理解数字社会，也给了我们一个有力的工具，帮助我们预测和解读数字空间未来的可能演变路径。从这个角度看，TESC 螺旋模型不只是一种理论架构，更是我们理解和加入数字社会的关键框架。

技术驱动：数字社会发展的引擎

在探讨数字社会复杂的运行机制时，我们必须先解读其背后的技术架构与动力，因为技术是数字社会的"心脏"和"神经系统"。它不只是传输信息和数据的物理基础，更是影响社会结构和人们行为的根本要素。

1. 新技术推动：创新的风向标

新技术的出现往往会带来一场"科技革命"，重新定义社会的规模、效能和潜能。举个例子，区块链技术的出现就重塑了信息交换的规则，让原本需要通过中介进行的操作变得更加透明和去中心化。与此同时，5G 的广泛应用更是让数字社会进入了一个全新的高速时代，无数前所未有的应用场景和模式得以孕育和成长。

不过，创新总是一把双刃剑。新技术在推动社会发展的同时，也会造成短期内的社会失衡——以自动化和人工智能为例，尽管它们提高了生产效率，但它们也引发了人们对未来劳动市场的担忧。因此，技术创新不仅仅是一场竞赛，更是一次对未来社会模式的重新设想和调整。

2. 数据与算法：无形的手

如果说数据是数字社会的"血液"，那么算法就是这个社会的"心脏"。算法不仅决定了信息如何流动，而且决定了这些信息如何被编码、过滤和解释。它像一只无形的手，操纵着我们对现实的感知和行为。

但是，这只"无形的手"并不总是公正的。由于算法是由人来编写和调整的，它很可能带有设计者的主观意愿或社会偏见。这就需要我们更加审慎地看待算法，认识到它不只是一个技术产品，更反映着一种社会文化现象。

3. 新技术普及：数字鸿沟的扩大与缩小

新技术的普及程度往往会成为决定社会机会平等程度的关键因素。在网络刚刚普及时，只有社会上层和发达地区的人们才能获得便捷的网络服务。随着智能手机和低价网络服务的普及，数字鸿沟开始逐渐得到跨越。

然而，普及并不意味着平等。技术仍然是一种权力，它可以赋予某些群体优势，同时加剧其他群体的边缘化程度。例如，虽然大数据和算法在医疗、教育等多个领域都有广泛应用，但它们也有可能加剧社会不平等。

数字鸿沟不仅仅是网络接入的不平等，更是信息质量和信息使用能力的差距。这种差距可能会导致信息的不对称，从而在社会、政治和经济等方面对不同的人产生深远影响。而这样的割裂可能会使得某一部分人成为信息的寡头，同时让另一部分人陷入信息匮乏的困境。

经济变革：数字财富的重塑与分配

在这个由比特构筑的新世界里，经济正在经历前所未有的变革。数字空间中的经济活动，正从无边界市场发展到零工经济、从数字游民发展到新兴职业，深刻重塑我们对财富、工作和生活的理解。我们见证着传统商业模式在数字浪潮中的转型，数据成为新时代的"石油"，而对数字经济背后的供需关系的重新思考，将引领我们更好地迎接未来。

1. 无边界市场：数字经济如何重新定义商业

数字空间构建了一个独特的商业领域，其规则和节奏与传统经济迥然不同。在这个没有边界的市场中，数据流动成为经济活动的新血液，连接是不可或缺的氧气，而创新则是推动经济前行的心脏。

在数字经济中，每个人都可以是生产者和消费者，创业的门槛显著降低。无边界市场不仅促进了创意和创新的涌现，而且重新定义了"价值"的概念。其中，独特的想法、代码片段甚至搞怪视频都有可能成为有价值的商品，因为人们不仅在为商品付费，而且在为故事、体验和连接买单。

2. 数据与比特：数字经济的基础与未来

在这个数字时代，信息的存储与传播变得便捷，推动了文化和知识的快速流动。与原子物质的固定形态不同，比特是数字世界的基本单元，易于复制和传播。

传统书店的衰退与电子书的兴起是这种转变的标志之一。以往的纸制书籍依赖物理空间，而今的数字阅读器让我们可以随时随地获取知识。音乐同样经历了从 CD 到数字流媒体的变革，这改变了我们的音乐消费方式并重塑了整个音乐产业的生态。

在这个过程中，数据的价值愈发显现，成为数字经济的新型"原油"。它不仅影响着信息传播、文化消费，也深刻重塑了商业模式。数字经济的价值不再由稀缺性和成本决定，而是由用户体验和服务个性化程度来决定。这一转变促使企业更加关注提升用户体验、为用户提供个性化服务。

3. 数字空间中的供给与需求

数字空间如同一座巨大的超市，里面提供的是信息、服务和各类数字产品。每个用户既是顾客也是供应商，参与供给端与需求端之间的互动，用户的每次点击和搜索都是某种个人意志的展现。内容创作者在这个平台上展示自己的创意，形成了新的商业生态。

4. 人工智能与就业市场的变革

人工智能技术的快速发展正在重塑就业市场。第一，人工智能会对就业结构产生影响，一些传统岗位可能会被人工智能取代，同时，人工智能也会创造新的就业机会。关键是要理解，人工智能不会简单地代替人类，而会增强人类的能力。第二，技能需求会发生转变。未来的就业市场将更加重视创造力、复杂问题解决能力、待人接物能力等人工智能难以替代的能力。终身学习将成为每个人的必修课。

5. 零工经济的崛起

工作方式正在发生根本性的变革：从固定工制度到项目聘用制，越来越多的人选择成为自由职业者或承接短期项目，这种灵活的工作方式为个人提供了更多自主权，但它也带来了收入不稳定等挑战。在零工经济中，个人的技能和专业知识是核心竞争力，所以人们需要不断地提升技能以保持自己的市场竞争力。零工经济为个人提供了更高的自由度和灵活性，同时也带来了社会保障、职业发展等方面的新问题，需要社会制度的相应调整。[①]

6. 数字时代的财富观重构

在数字时代，个人的社交媒体影响力可以转化为实际的经济价值，这为我们创造了新的财富积累方式。从实体到数字，我们正在经历一场深刻的变革。这一变革让我们重新审视价值、财富和连接的定义，也为每个人提供了前所未有的机会。我们要确保每个人都能参与到这一变革中，分享数字时代带来的红利，一同迎接未来的挑战。

社会：人们如何适应与调整

在数字社会的庞大舞台上，社会关系因素扮演着至关重要的角色。它不仅影响着我们的日常生活和人际关系，而且深刻地塑造着我们的自我认知和群体归属感。如果说经济是数字社会的"血液"，那么社会关系则是它的"骨架和肌肉"，支撑着它的形态并为它提供动力。

如果说技术是在功能层面上构建数字社会秩序，经济是在商业与运营的层面上构建数字社会秩序，那么，社会关系就是在群体生活层面上构建数字社会秩序。

1. 数字分身：多重的自我

数字社会让我们有了更多的自由来展示不同面貌的自我。我们可以是职场上的专业人士，是社交媒体上活跃的达人，或者是虚拟游戏中无畏的勇士。这种多重身份让我们有更多的空间来探索自我，也为我们的社交网络增加了复杂性和深度。

---

① 黛安娜·马尔卡希.零工经济：推动社会变革的引擎 [M].陈桂芳，邱墨楠，译.北京：中信出版社，2017.

034 | 数字社会学：AI 时代生存法则与未来秩序

然而，这种多样性也带来了新的问题，如网络骂战、网络霸凌、信息不对称等。因此，数字身份的管理和塑造成了一个越来越重要的议题。[①]

2. 社群互动：连接与断裂

社交媒体和各种线上平台让我们能够更容易地找到志同道合的人，组成各种各样的社群。这些社群不仅给我们提供了归属感和支持，还常常成为创新和变革的孵化器。

人与人的互动构建了关系，关系的互动构建了群体，群体的互动构建了阶层，阶层的互动即社会。

与此同时，信息茧房是数字社会中一个令人担忧的现象。人们往往倾向于同那些持有与自己相似观点和价值观的人互动，从而在自己周围形成一个封闭的信息环境。这种自我筛选不仅减少了不同观点和文化之间的交流，而且容易导致误解和偏见。

3. 社会资本：新的影响力

在数字社会中，社会资本是人们通过社交网络建立的。从微信好友的数量到抖音的粉丝量，这些数字标识不仅反映了个体在社会网络中的地位，而且能转化为实际的经济和社会价值。

简而言之，数字社会正在改变人们的社交结构和行为模式，带来了更多的机会，也引发了新的社会问题。在这个多元化但又越来越分裂的数字世界里，我们需要新的社会理论和实践作为指导，帮助我们更好地理解复杂而多变的"社群脉络"。只有这样，我们才能在充满无限可能

---

① 约翰·苏勒尔.赛博人：数字时代我们如何思考、行动和社交 [M].刘淑华，张海会，译.北京：中信出版社，2018.

和挑战的数字社会中找到自己的位置和价值。

文化：数字社会的镜像

在数字社会学的多层面分析中，文化因素不是点缀，而是贯穿始终的核心要素。与技术的冰冷逻辑和经济的计算精度相比，文化是一种更为细腻和多样的力量，它赋予数字社会以生命和情感，也是我们认识和解释这个复杂世界的重要视角。

1. 网络语言：词汇的变革与重构

进入网络时代，语言的表达和传播方式也随之发生了巨大变化。从"LOL"和"OMG"①这样的网络缩写，到各种表情符号和动图，数字语言以其简洁、直接和跨文化的特点，在数字社会中占据着越来越重要的位置。

但这一进程并非全无问题。数字语言在扩大表达空间的同时，也带来了沟通的模糊性和理解上的歧义。当语境丧失时，即使是一个简单的":)"（微笑）表情也可能引发误解和争议。

2. 教育与学习：人工智能负责"教"，人类教师负责"育"

教育与学习的分工正在发生深刻变化，人工智能正在逐渐成为知识的主要传递者。它可以不知疲倦地解释数学公式，也能反复纠正语法错误，有着前所未有的耐心和极高的效率。然而，教育的"育"仍然是人类教师的职责。他们不只是知识的传授者，更是创意火花的点燃者和学习体验的"策展人"。教师需要帮助学生培养思维能力、情感能力，塑

---

① "LOL"即"Laughing Out Loud"的缩写，意为"大声笑"；"OMG"即"Oh My God"的缩写，意为"我的天啊"。——编者注

造正确的价值观，赋予学习更深层次的意义。

在这个算法主导的时代，人工智能也为定制个性化学习路径提供了可能性。每个学生都能根据自身的兴趣和需求获得量身定制的学习计划，其自我发展和自我探索的能力可以得到极大提升。这种自适应学习模式将改变传统的"一刀切"教育方式，让每个学生都有机会按照合适的节奏成长。

3. 艺术：虚拟与现实的交汇

数字社会对艺术形态及其传播途径也进行了彻底的重塑。从虚拟现实艺术展到数字化博物馆，艺术已经不再局限于物理空间和传统媒介。

更重要的是，数字社会为艺术作品的创造和推广提供了一个更为平等和开放的平台。在这里，任何人都有可能成为下一个网络红人或文化创新者。

4. 文化认同与网络集体记忆

随着数字社会对文化的影响越来越大，一个新的现象开始出现——网络群体认同。它既包括传统的族群和地域元素，也涵盖了网络社群、流行文化和共同兴趣等多种元素。

这一切都标志着，在数字社会中，文化是一个不断演化和发展的生态系统。它是多元、流动和交互的，充满了无限的可能性和挑战。

文化在数字社会中是一把双刃剑，它既有可能促进世界的深度融合和人类文明的进步，也有可能导致文化同质化和价值观碎片化。因此，如何在这个多维度的文化格局中找到一个平衡点，是我们未来需要深入研究和探索的重要课题。

接下来，让我们一起开始探索数字社会运行的第一个变量：时间。

第一部分

人工智能时代的生存法则

第一章

时间：即时的力量
与加速社会

　　时间，这个看起来熟悉又神秘的维度，在数字社会中经历了一场前所未有的变化。在这个由 0 和 1 编织而成的世界里，时间不再进行简单的线性流动，而是成了一种复杂的操作系统。同步与异步并存、即时性、非线性、碎片化、无边界以及社会加速，这些新的时间特质正深刻影响着我们的每一个决定和我们与他人的互动。我们既享受着前所未有的自由和效率，又不得不面对持续的压力和焦虑。

困在算法里的外卖员

在繁华的城市之中，有一批特别的"战士"，他们身披各种颜色的制服，骑着闪亮的电动车，日夜穿行在车水马龙的大街小巷。他们是城市中的外卖员，是连接餐馆和食客的重要纽带。然而，在这个数字时代，他们的许多选择似乎都被隐藏在冰冷的时间算法之中。

李大明，一位勇敢而坚毅的外卖员，发现他的生活越来越多地被一串串代码所控制。李大明每天的生活就是投身于一场接一场对时间的追逐赛。在他的手机屏幕上，外卖软件的图标闪烁着，那是他生活的"指南针"，也是他的枷锁。每当他接到一个订单时，算法都会精确计算出配送的时限，每一秒都被计算在内，让他几乎没有任何喘息的余地。而在这个加速的社会里，人们对时间的要求变得越来越严苛，每个订单的送达时间都被压缩到了极限。

在与时间的赛跑中，李大明不得不选择速度——即便是冒着违反交通规则的风险。他闯着红灯，逆行在繁忙的车流中，只为了赢得几分钟——这几分钟可能会让他得到更多的订单、赚到更多的钱。可是，这种速度的背后，是对安全和规则的无视，也是对社会秩序的挑战。

李大明不是个例，他的经历是无数外卖员的真实写照。在这个数字社会中，速度成为衡量效率和成功的关键指标，而时间则成为一种稀缺资源。为了满足社会对速度的追求，算法成了推动效率的重要工具。然而，随着算法的大规模应用，外卖员的生活也被压缩成了一系列的数字和时间戳，他们的价值和努力似乎只能通过速度来衡量。

在这个看似高效的数字社会，空间和时间的压缩使得人与人之间的联系变得越来越疏远，而网络和算法则成了控制这种新秩序的重要力量。用户每一次滑动屏幕、每一次点击下单，背后都有一个真实的人在为时间奔波，而这种奔波，往往是以这个人失去对生活的部分掌控为代价的。空间被数字化，时间被"优化"，网络变得无所不在。

算法的狡猾在于以"效率"和"便捷"为面具。用户在手机上点击一下，食物就能快速送达他们的手中。然而，这背后是外卖员对时间的追逐。算法不仅预测了用户的饥饿，而且设计好了外卖员的路线，甚至预测了外卖送达的时间。为了不让算法"失望"，外卖员们疾驰在马路上，有时不得不冒着违反交通规则的风险。[①]

算法如同一位严厉的教练，时刻"督促"着外卖员。逾期送达，可能会影响外卖员的评分和收入；餐品洒落，外卖员也可能会面临顾客的投诉和不满。在算法的"指挥"下，外卖员变成了城市中的"飞侠"，他们一直在挑战时间的极限。

如果为了满足算法和时间的要求而忽视交通规则和安全，那么这样的"效率"显然是不可取的。在时间算法的网络世界中，要让人性和理智成为我们的行动指南。在追求效率和便捷性的同时，也不要忘记对人的关爱和尊重。

---

① 更多细节可以参考《人物》杂志的深度报道《外卖骑手，困在系统里》。

时间：数字社会运行的操作系统

有一天，我在与一位朋友闲聊时问道："如果你被要求用一个词描述互联网，你会用什么？"他想了想说："数据。"的确，大多数人可能都会选择"数据"或"算法"。但我有一个不太一样的答案：时间。

在对数字社会进行研究的过程中，我发现时间不仅仅是一种客观存在，它更像是数字社会运行的操作系统。是的，你没有看错——操作系统。就像电脑或手机依赖操作系统来运行各种应用程序一样，数字社会也依赖时间的规律来组织和运行。时间在这里被赋予了新的角色和意义，成为推动数字社会运作的基础和核心。

时间是数字社会的核心，就像操作系统对电脑的作用一样，它不仅决定了信息如何传输，也塑造了我们在数字社会中的行为和习惯。

时间不只是我们用来描述过去、现在和未来的词汇。在数字社会中，时间是一种操作系统，它支配我们的行为、塑造我们的习惯，而更重要的是，它连接了每一个在线的个体，让我们成为这个大网络中不可或缺的一部分。

让我们通过一个简单的例子来看看时间是如何在数字社会中起作用的。想象一下，你正在使用一款社交媒体应用程序。在这里，时间不再是单纯的数字，它被切割、编排，转变成了信息流的排序和推送。你看到的动态、新闻或推送，都是通过时间算法来得到优化和展示的。这种基于时间的算法规则，就是数字社会中信息流动和交互的操作系统。

再进一步，时间也塑造了数字社会的互动和参与规则。例如，在某些在线讨论或投票活动中，时间往往是一个重要的参数。人们会在规定的时间内集中讨论、投票，时间成了推动互动和参与的引擎，限定着网络活动的开始和结束。

此外，时间也影响着数字社会中信息的价值和权重。信息的新鲜度和时效性往往决定了它在数字社会中的传播速度和接受程度。一条新的消息或动态可能会在短时间内迅速传播、引发热议，而随着时间的推移，它的热度和影响力可能会迅速降低。

总之，时间在数字社会中扮演着一种操作系统的角色，它规定了信息的流动方式、人们的互动规则和信息的价值与权重，是数字社会运作的基础和核心。在这个意义上，理解和把握与时间相关的逻辑和规则，就成了我们更好地参与和适应数字社会的关键。在探索数字社会游戏规则的过程中，时间无疑是一个值得深入研究和思考的关键点。

对时间的感知：数字空间中的主观体验

在写作过程中，我特意翻开了康德那本经典但有点晦涩的《纯粹理性批判》。康德认为，时间作为我们心智的一个先天形式，不是外在世界的实体，而是我们认知世界的方式。[①] 当我沉浸在康德的理论中时，我的手机响了，是一条社交媒体的通知。我只是随手点开它，很快就被各种其他信息吸引，沉浸其中。当我再次抬头时，发现时间已经过去了40 多分钟。这让我开始深思：在这个数字时代，康德的时间观有其独特的意义。

让我们以一个典型的都市白领小美一天的时间表为例，来看看人们在数字时代的时间感知情况。

7：00，闹钟准时响起，小美开始了新的一天。

8：30，她到达办公室，打开电脑，查看邮件和日程安排。

10：00，参加视频会议，与远在美国的客户讨论项目进展。

12：30，午休时间，小美快速吃完午餐，抽空刷了会儿短视频。

14：00，投入工作，处理各种任务，时不时查看即时通信软件。

18：00，下班回家，在地铁上继续处理工作邮件。

20：00，和朋友一起玩线上游戏，放松心情。

22：30，临睡前，再次查看社交媒体，生怕错过什么重要信息。

---

① 康德.纯粹理性批判（精装本）[M].韩林合，译.北京：商务印书馆，2022.

　　小美的一天看似被时间表安排得井井有条，但实际上，她的时间感知已经被数字世界深深影响。在这个被时间统治的世界里，我们遵循时间的规则，却常常感觉自己在与时间赛跑。而在数字社会中，我们对时间的感知远不止于此。

　　让我们首先考虑信息的实时更新。在互联网上，信息和数据源源不断地涌入我们的视野。这种持续不断的信息流动，改变了我们传统的时间感知方式。过去、现在和未来似乎在数字社会中融为一体。新闻、事件和话题能够在瞬间迅速传播，与此同时，过去的信息也可以轻易地被找到和回顾。从康德的时间观出发，时间在此显得不再以一种线性和有序的方式流动，而变得更加动态和多维。

　　再来看看社交媒体。在社交媒体上，用户可以实时分享和获取信息，与他人互动。这种实时互动可能会让我们因为担心错过更新或消息而时刻保持对社交媒体的关注。这种"FOMO"（Fear of Missing Out，害怕错过）感让我们在数字社会中的时间感知变得更加紧迫。

　　以在线购物为例，现在的消费者可以在任何时候、任何地点进行购物，享受"随时随地"的便利。在康德的时间观中，时间是人的内在感受，是主观的。在数字社会中，由于信息的即时性和丰富性，消费者在做决策时可能会感受到来自时间的压迫感。他们可能会被限时优惠、秒杀活动等营销策略所吸引，感觉必须立刻做出购买决策。

　　在数字空间中，时间不仅仅意味着物理的流逝。它受到我们的情绪、认知和文化背景的深刻影响。当你全神贯注于一个视频游戏或深度的在线讨论时，时间仿佛停滞了，而当你在焦虑地等待某人的回复时，每一秒都开始变得漫长。这有点像"时间相对论"——当年爱因斯坦向别人解释相对论的方式：当你在火炉旁坐着时会觉得时间过得很慢，而当你在与一个漂亮姑娘一起坐着时却会觉得时间过得很快。

我们对时间的感知可以是多维的、非线性的。

1. 时间的流动与停滞

在网络世界里，时间仿佛时而流动得飞快，时而又停滞不前。当我们浏览社交媒体，查看朋友们的动态时，时间在不经意中飞快地消逝；而当我们在等待一个重要的回复时，每一秒都显得异常漫长。这是因为数字空间打破了对时间的线性感知，让我们的感知时而快速流动，时而停滞不前。

2. 时间的重构

在数字空间里，我们能够回顾过去，也可以预见未来。当你在网络上看到自己五年前的照片时，你可能会对时间的流逝产生许多复杂的感受。网络允许我们通过类似的方式重新构建和感知时间。我们可以在网络中留下自己的足迹，而这些足迹会随着时间的推移而累积，成为我们回顾过去、理解自己的一种方式，也会让我们对未来有一些新的期待。

3. 时间的相对性

在网络中，我们对时间的感知变得更加具有相对性。我们可以即时与世界另一端的人交流，也可以观看拍摄于不同时间的视频和图片。这种去时空限制的交流方式，让我们感受到时间的灵活性和相对性，也让我们的生活变得更加丰富多彩。

数字社会学不仅是对数字空间的研究，还是对人类感知和经验的探讨。在数字空间中，时间成了我们感知世界的一种新维度。通过理解和把握网络中的时间感知方式，我们可以更好地适应这个快速变化的数字时代，找到属于自己的生活节奏和价值。

数字"魔法师"：算法与数据重塑时间

在调研过程中，办公室白领小杨对我讲了她的亲身经历：某天，她无意间点开了一篇关于瑜伽的文章。自此，她的社交媒体界面被瑜伽相关的内容占领，从教程视频到装备推广，再到活动推荐，仿佛瑜伽成了那段时间她的网络世界的中心。仅仅一个月后，小杨便报名参加了附近的瑜伽班。这一切看似偶然，背后却有一只无形的手在悄然操控，那便是算法与数据。它们不仅重新定义了时间，还成了数字世界的"魔法师"。

1. 算法：时间的导演

数字空间就像一座庞大的舞台，而算法则是这座舞台背后的无形导演。它精心安排每一个场景，控制着舞台上的每个角色——我们每天在网络中遇到的信息、广告、视频、推荐等。算法不是随机的，它通过观察和分析用户的行为、兴趣和偏好来决定"剧情"如何发展。对小杨来说，算法迅速捕捉到了她对瑜伽的"兴趣"，便开始将一系列与瑜伽相关的内容推送到她面前，让瑜伽成了她数字生活中的"主角"。而小杨几乎没有意识到，参加瑜伽班这个看似自主的决定，实际上是算法在她身后悄悄策划的一场"戏剧"。

2. 数据：编织时间的线

算法的"魔法"离不开数据的支持。数据是算法的原材料，是它用来构建时间维度的每一条线索。每一次点击、每一秒的停留，甚至每一个滑动动作，都会被数据记录下来，成为算法用以预测和塑造用户未来行为的基础。例如，小杨花十分钟观看了一段瑜伽视频，算法便将这段时间视为重要信号，预示着小杨对瑜伽产生了浓厚兴趣。于是，算法开始为她推送更多与瑜伽相关的视频、装备广告和瑜伽课程，数字时间的走向因此改变。算法并不会一味重复过去，而会用每一份新鲜的数据不断重新编织时间的线，让我们的网络体验与个人生活紧密交织在一起。

3. 个性化的网络时间

在数字世界里，每个人都生活在独特的时间泡沫中。小杨的网络时间被算法与数据塑造成了一个瑜伽的天地，而小陈喜欢旅游，她的网络时间则被旅行视频、风景照和攻略推荐填满。算法与数据并不仅仅会为每个人"量身定制"信息流，它们还塑造了一种个性化的时间体验——一种在属于个人的、非线性的、被"偏好"驱动的数字时空中遨游的体验。

我们过去的理解是，时间是线性的、均匀流逝的，但在数字社会中，这种理解正在被颠覆。小杨的点击和浏览历史是塑造她未来的数字时间的关键。网络时间变得越来越个性化，我们的时间线上出现的不再是统一的新闻推送或者大众媒体时代的单向传递，而是针对每个人兴趣的主动策划，充满了互动性和参与感。

而在这个过程中，用户并没有意识到自己实际上参与了对时间的重新定义。对小杨来说，对网络时间的使用不再是漫无目的的浏览，而变成了一场充满期待的探索之旅。她不仅开始积极参与各种线上瑜伽活动，还购买了专业的瑜伽装备，甚至加入了瑜伽爱好者的线上社群，分享心得体会。这意味着她的网络时间正在从被动消费转向主动创造，时间不再只是日历上的刻度，而是与兴趣和行为紧密交织的"动态时间"。

4. 与现实生活的互动

网络时间不仅仅存在于数字空间，也会时常渗透到现实生活中。当算法向小杨推送瑜伽课程时，她的网络时间与现实时间产生了交集。小杨决定报名参加线下的瑜伽课程，并在日常生活中实践她在数字空间中学习到的技能。这个过程不仅仅是"从线上到线下"的简单过渡，而是网络时间与现实时间的一种全新融合。小杨的现实生活因此得到了丰富和延展，网络时间成为她现实时间的延伸，二者相互作用、彼此影响。

通过算法和数据的引导，时间是一种多维度、富有弹性的存在。在数字空间中，对小杨来说，算法塑造了她的数字时间、提供了她所需要的内容，并推动她从数字世界中的活动走向现实活动，最终实现生活的多维融合。

5. 算法和数据：时间的重新定义

从小杨的经历中，我们可以看到时间在数字社会中的深刻转变。算法和数据正在成为塑造时间的新力量，重新定义了"时间"的本质。时间不再是简单的物理维度概念，而是由行为和兴趣驱动的动态体验。我们每个人都生活在自己独特的时间泡沫中，算法为我们设定了未来的许多选择，而数据则为这些选择提供了坚实的基础。

算法与数据对时间的重塑，已经改变了我们理解时间、使用时间的方式。在这个新的时代中，时间不再是客观的，而是主观的、可塑的，是由我们的点击、选择和行为共同塑造的。未来已然到来，我们每个人都在这场时间的重构中扮演着自己的新角色。

时间织网：在数字社会中编织你的生活

那么，我们要寻找哪些维度来理解数字社会时间呢？有一张交织的网络，其中的节点彼此影响，塑造出我们在数字社会中的时间感知，与传统社会时间的线性、结构化感知形成强烈对比。

（1）同步性与异步性并存：这是数字社会时间的核心特征之一。在传统社会中，社会互动大多是同步的——面对面交流或实时通话。而在数字空间中，交流既可以是同步的（如视频会议）也可以是异步的（如邮件、社交媒体评论）。这种并存使得人们可以选择何时参与社会互动，塑造出了一种高度灵活的时间体验。这种灵活性进一步加剧了非线性和碎片化的现象，因为异步互动赋予了人们选择的自由，而同步互动则驱动了时间体验的加速。

（2）即时性：数字技术消除了很多传统的等待时间，社交互动变得"随时随地"。这种即时性加强了碎片化体验，信息流和社会互动不再需要遵循固定的时序，而会瞬间发生、瞬间回应。即时性也加速了社会节奏，迫使人们适应不断加速的信息流动。

（3）非线性：传统时间通常具有线性的特点，生活事件、社交互动遵循一个前后相继的过程。而在数字社会中，由于同步性与异步性的并存，时间流动变得更加主观和断裂。人们可以同时处理多个任务，跳跃式地参与不同的社交情境，削弱了顺序关系的清晰性。

（4）碎片化：碎片化是非线性和即时性的必然结果。数字社交时间不再是连贯的，而是由无数小块构成的。不同任务、对话、信息片段杂糅在一起，使人们很难保持长久的专注。这种碎片化也消解了传统时间的连贯性，引发对注意力和时间管理的极大挑战。

（5）无边界：数字空间没有明确的开始和结束，工作、娱乐、社交活动交织在一起。没有时间的边界意味着人们可以 24×7 地参与社交活动，这加剧了社会加速所带来的压力。没有了传统的日夜节奏，人们更容易体验时间上的"模糊感"。

（6）加速社会：以上所有维度共同导致了数字社会中的"加速"现象。碎片化、即时性、无边界都推动了社会的加速，人们被迫以更快的节奏生活和工作。在加速社会中，时间的压力不仅源于时间的紧缺，还源于时间被过度压缩和重塑。

以上这些维度相互影响，构建出一个更加复杂、多维的数字时间结构，它与传统时间的线性、可预测、同步的特质相区别，导致了人们对时间感知的根本性转变（见表 2-1）。

让我们一起来探索时间塑造的数字社会，接下来，我会从时间的同步性与异步性、即时性、非线性、碎片化、无边界、加速社会的角度出发，解读时间作为数字社会操作系统与重要游戏规则的应用方式。

表 2-1　数字社会时间与传统社会时间在不同维度上的特点对比

维度	数字社会时间	传统社会时间
同步性与异步性并存	同步性与异步性同时存在，用户可以选择互动时间，交互节奏更灵活	互动大多是同步的，必须在相同的时间点发生（如面对面交流）
非线性	时间是断裂和跳跃的，不遵循线性流程，任务和互动可以随机切换	时间线性流动，任务和互动通常按照顺序展开，有明确的开始与结束
即时性	信息和互动可以瞬时传递，几乎无延迟，减少等待时间	信息和互动有一定的延迟，等待时间较长，依赖物理环境条件

续表

维度	数字社会时间	传统社会时间
碎片化	时间被打散成无数片段，多任务并行，难以保持长久的专注	时间段通常较为完整，任务之间有清晰的分界线，专注时间较长
无边界	24×7 全天候在线，无明确时间界限，工作、娱乐、社交界限模糊	时间具有明确的边界，工作和社交有特定的时间段，日夜节奏稳定
社会加速	社会节奏加快，信息流动和生活节奏加速，时间感更加紧张	社会节奏较慢，信息和生活节奏循序渐进，时间感较为稳定

数字节奏：同步与异步的交响曲

28 岁的小王是一名独居的程序员。周末早晨，他一边喝着刚煮好的咖啡，一边漫不经心地刷着朋友圈。突然，手机屏幕上跳出一个视频通话请求，是他在异地的好友小李发来的。

小王犹豫了一下，还是点击了接通。瞬间，小李的笑脸出现在屏幕上，仿佛穿越千里之遥，来到了小王的客厅。"嘿，兄弟，最近怎么样？"小李的声音充满活力。两人就这样聊了起来，从工作谈到生活，从昨天的趣事聊到明天的计划。这种即时的、同步的交流，让两个相隔千里的朋友仿佛坐在同一张桌子前，分享着彼此的生活细节。

与此同时，在城市的另一端，30 岁的产品经理小陈正在为即将到来的在线跨国会议做准备。她打开电脑，登录团队的云端硬盘，开始上传各种文件和资料。完成后，她在团队的通信软件上留下一条消息："所有文件都已上传，大家可以随时查看。如有问题，请直接在文档中留言或 @ 我。"

发完消息，小陈看了看时间，美国的同事们此刻应该还在睡梦中。她知道，虽然团队成员分布在不同的时区，但通过这种异步的交流方式，他们可以在各自方便的时间完成工作，推进项目进度。

以上两个场景生动地展示了数字空间中同步与异步两种交流模式的特点和优势。

1. 同步交流：即时连接的温度

同步交流，如小王和小李的视频通话，让我们能够实时地相互分享、感受和回应。它就像数字时代中的一次拥抱，让我们在虚拟的网络海洋中感受到彼此的温度。这种交流方式的优点包括以下几点。

- 即时性：信息的传递和反馈几乎是同时发生的，让交流更加流畅自然。
- 情感丰富：通过语音、视频等媒介，我们可以传递更多的非语言信息，如表情、语气等，使交流更加丰富多彩。
- 高度互动：参与者可以立即对对方的信息做出反应，促进更深入的讨论和思想碰撞。

然而，同步交流也有其局限性。

- 时间限制：需要参与者同时在线，可能会受到时差或个人日程的影响。
- 即时压力：有时可能会让人处于必须立即回应的压力之下，影响思考的深度。
- 注意力分散：长时间的同步交流可能会打断工作流程，影响工作效率。

2. 异步交流：跨越时空的桥梁

异步交流，如小陈的团队协作方式，打破了时间和空间的限制，让人们能在不同的时间、不同的空间共同创造价值并解决问题。这种交流方式的优点包括以下几点。

- 灵活性：参与者可以在自己方便的时间进行交流，不受时差或日程安排的限制。

- ◉ 深度思考：有更多的时间去消化信息，形成更加深思熟虑的回应。
- ◉ 效率提升：可以同时处理多个任务或对话，提高工作效率。
- ◉ 记录保存：交流内容通常以文字形式保存，便于日后查阅和回顾。

同时，异步交流也面临着一些挑战。

- ◉ 反馈延迟：可能需要等待较长时间才能得到回复，不适合需要快速决策的情况。
- ◉ 误解风险：由于缺乏即时澄清的机会，容易增加信息被误解的可能性。
- ◉ 情感缺失：纯文字交流可能缺乏情感传递，影响人际关系的建立和维护。

3. 数字交响曲：寻找同步与异步平衡的艺术

在数字社会中，同步和异步交流共同谱写了一首复杂的交响曲，两种节奏交错进行，构成了我们日常生活的韵律。要想让这首交响曲足够悦耳，关键在于在这两种模式之间找到平衡，发挥优势，避开不足。

首先，要灵活选择交流模式。根据交流的目的和紧迫程度，灵活选择同步或异步的交流方式。例如，对于需要快速决策的事务，可以选择视频会议这种同步方式；对于需要深入思考的问题，可以通过电子邮件这种异步方式进行讨论。

其次，要提高异步交流的质量。在进行异步交流时，要提供足够多的上下文信息，使用清晰、准确的语言，减少误解的可能性。同时，要养成定期检查和回复信息的习惯，保持交流的连续性。

最后，要保持人性化的交流。即使是在异步交流中，也要注意保留人性化的元素。例如，在邮件中使用友好的语气、适当地表达情感，或者定期安排视频会议来增进团队成员之间的情感联系。

在这个数字化的世界里，同步与异步交流的交织为我们的社交与工作带来了前所未有的可能性。它让我们能够跨越时空的限制，以更加灵活和高效的方式进行交流和协作。然而，这也要求我们具备新的交流智慧，学会在快与慢、热与冷之间找到适合自己和团队的节奏。

延伸思考：

1. 在你的日常工作和生活中，你是如何平衡同步和异步交流的？你有什么个人的经验或策略可以分享吗？

2. 你认为在未来，随着技术的进一步发展，同步和异步交流的界线会变得更加模糊吗？这可能会给我们的社交和工作方式带来什么样的影响？

"秒回"压力：即时性压力下的生存法则

1. 清晨 5：30，数字世界的晨曦

让我们跟随北京的小王—— 一位 28 岁的社交媒体运营经理，开启一天的旅程。当北京的天际线还沉浸在黎明的微光中时，小王已经睁开了惺忪的睡眼。作为一家知名社交媒体公司的运营经理，他的日常生活从查看手机通知开始。"昨晚的热门话题有新的评论了，得赶紧回应，不然可能会失去关注度……"小王一边想着，一边飞快地在键盘上敲打着回复语。

小王的日常工作节奏极其紧凑，手机几乎变成了他的第二颗心脏。每一次来信息时的振动，仿佛都是心脏的跳动，带来的是无尽的紧迫感。"这种压力无时无刻不在，"小王坦言，"在这个行业中，如果我们无法及时回应用户，几分钟的迟缓就可能会导致用户的流失，甚至毁掉公司长时间以来打造的品牌形象。"

这种"秒回"压力不仅来自职场中对高效率的需求，更源自社交媒体生态系统中的即时反馈文化。在一个品牌的推广文章发出后，如果品牌方没有快速回应粉丝的评论或疑问，就有可能错过最佳的互动时机。在这样的氛围下，许多人感到了一种难以承受的紧迫感，它带来的压力不断积聚，让人们形成了新的"生存法则"。

2. 陆家嘴的数字交响曲

与此同时，在熙熙攘攘的早高峰中，身处上海陆家嘴的汤姆正握着

一杯咖啡，目不转睛地盯着手机屏幕。作为一名跨国投资银行的交易员，他时刻需要在全球市场的变化中找到决策的最佳时机。"今天的外汇市场波动情况怎样？美联储发布了新的政策声明没有？客户有新的指令吗？"一连串的信息从不同的应用程序中不断涌来。

"在我们这个行业，时间就是金钱，一秒的延误可能就会带来数百万美元的损失。"汤姆说。他的工作要求他时刻保持警觉，迅速决策，而这种日渐攀升的压力，也在信息的洪流中不断涌现。

即时性的数字化生活并非仅仅停留在金融市场中。每个工作日，在世界的每个角落，从律师到医生，从咨询顾问到创业者，无一不在被这种信息流的节奏裹挟着。小王的手机振动声和汤姆的即刻决策压力，成了现代社会中快速工作节奏的缩影。

3. 信息洪流中的现代人

在数字时代，信息的传播已经超越了时间与空间的界限。今天的任何信息都能够在一瞬间传递到全球的任何角落，数字化使得这种"瞬时性"成为我们日常生活中无处不在的一部分。从一条微博到一场视频直播，从电子邮件到即时聊天，沟通的速度前所未有地提升，几乎打破了人与人之间的物理障碍。

以汤姆为例，他在工作时依赖实时的信息流和数据分析来做出交易决策，而在生活中，他也深刻感受到了这种变化带来的影响。他坦言："在工作中，我们已经完全依赖即时性的信息流。信息推送的速度越快，我们的行动就必须越迅速，任何迟疑都可能会让我们错过巨大的机会。然而，这种节奏不仅让人紧张，还容易让人产生焦虑感，因为你时刻担心自己错过了某个关键信息。"

这种无时无刻不在的信息传递，给现代人带来了全新的挑战。我们逐渐形成了对即时性回应的依赖——无论是在工作中，还是在社交生活中。我们仿佛被绑在一台永不停歇的"回应机器"上，稍有放松便感到不安。汤姆和小王的经历只是冰山一角，背后反映出的是整个社会对信息即时性的追逐和它带来的困扰。

4. 即时性的双刃剑

即时性无疑为我们的生活带来了诸多便利；然而，它也在悄无声息地改变我们的思维模式与生活节奏，让我们很容易陷入信息的海洋，习惯于快速做出反应，而非深思熟虑地做出决策。

这种"秒回"压力不仅存在于工作场景，还蔓延到了我们的个人生活中。许多人在社交平台上也会感觉自己必须迅速回复朋友的消息，否则就会显得冷淡或疏离。我们时刻被推送的信息、即时的沟通需求所裹挟，以至于逐渐失去了自己的节奏平衡。

诚然，"秒回"带来了一种即时性的成就感，但它也带来了沉重的心理负担。小王的经历可以说就是现代职场中常见的写照。他也意识到，这种高强度的工作节奏对他的身心造成了巨大的压力。"有时候，我感觉自己仿佛站在跑步机上，一直在跑，却无法到达终点。"类似的情况在汤姆的身上也有所体现。不间断的高压状态，让他开始质疑这样的生活方式是否可持续。"即使是在休假时，我也会忍不住经常查看手机，担心错过了什么。这种感觉让我无法完全地放松下来。"

那么，我们该如何应对"秒回"压力？

面对数字时代带来的即时性压力，我们需要找到新的生存法则，重新审视信息的洪流与自我的平衡。第一，学会分辨信息的重要性与紧迫性至关重要。并非每一条消息都需要即时回复，设置优先级，选择性地回应，是减轻压力的重要策略。

第二，我们应当意识到，在生活中应该享受的不只是"秒回"的快感，更重要的是，要在快节奏的世界中找到属于自己的"慢时光"。正如小王对我说的话："我正在学习如何在工作与生活之间找到平衡，毕竟，生活的意义不只是追求效率，更在于创造真正对自己有意义的价值。"

在这样的背景下，我们可以问问自己：是否有必要在每一条信息到来时立刻回应？即时性是否真的能够提升我们的效率？或者，它在某种程度上扼杀了我们深入思考和探索的可能性？每个人的生活节奏都是独特的，但如何在这个强调速度和效率的时代找到与自己的节奏相符合的步调，可能是未来我们需要共同思考的课题。

或许，找到一种"慢生活"的哲学，能够帮助我们更好地应对"秒回"压力带来的困扰。在信息爆炸的时代，真正有价值的，不一定是最快的回应，而是最具深度的思考和最有意义的行动。

线性时间与非线性时间

"人不能两次踏进同一条河流。"

这句出自古希腊哲学家赫拉克利特的名言，在当今这个数字化的时代里，似乎有了全新的含义。让我们踏上一段时间之旅，探索那看似矛盾却又和谐共存的两种时间：线性时间和非线性时间。

前段日子，我回到了阔别已久的老家。当我推开那扇吱呀作响的木门，走进祖宅时，仿佛穿越到了另一个世界，一个被时间遗忘的角落。墙面上挂着几个老式的钟表，每一个都在准确地滴答作响，仿佛在诉说着岁月的故事。这里的时间，是一条从一个点到另一个点的笔直长线，从日出到日落，从春到冬，周而复始。

我祖父的生活就像是被精确校准的时钟，每一刻时间都有其特定的用途。清晨五点，当第一缕阳光还未洒落时，他就已经起床。六点准时吃早饭，七点去工作，十二点吃午饭，下午五点散步，晚上八点就寝。日复一日，年复一年，从未改变。"这就是生活应有的样子，"祖父常常这样说，"有序，可预测，就像四季的轮回。"

在祖父那一辈人的世界里，时间是一条宽广的河流，河水从源头奔流而下，一直流入远方的大海。这就是线性时间，有序而连续，如同一个接一个的珠子，串成了我们规律的生活和社会的节奏。

1. 时间河流中的节拍器

在线性时间观下，世界上的事情似乎都是有序和可预测的。时针和分针就像严厉的监工，监视着我们所有的行动。每一个决策、每一步计划，似乎都有预先编排好的剧本，按部就班地上演。

工厂轰鸣的机器、学校的铃声、办公室的打卡机，都是这条时间河流中的节拍器，指引着我们的行动。这背后的时间观念，给予了我们安全感和稳定感。这种感觉就像一首和谐的交响乐，每个音符都恰到好处，每个乐章都按时奏响。

2. 数字时代的时间涟漪

然而，随着数字时代的到来，一种新的时间观悄然浮现，像是有人朝那平静的时间之河投下了一颗石子，激起了层层涟漪。时间不再是单一的直线，而是波动和交织的网络。这就是非线性时间。

在非线性时间的影响下，我们可以跳跃在各个时空节点之间，不只受到物理时间的限制。想象一下，你可以在深夜与地球另一端的朋友实时对话，可以随时随地观看几十年前的经典电影，甚至可以通过虚拟现实技术，"穿越"到古罗马观看角斗士的比赛。

这种新的时间观念，就像给了我们一台时光机。我们可以自由地在过去、现在和未来之间穿梭，打破了传统时间的束缚。

3. 在时间的交响乐中寻找平衡

线性时间与非线性时间的交织，就像一首复杂的交响乐。线性时间是稳定的基调，给予我们生活的秩序和节奏；而非线性时间则是其中跳跃的音符，为生活增添了变化和可能性。

如何在这两种时间观念之间寻找平衡，成了我们在这个时代面临的挑战。我们需要学会欣赏线性时间带来的稳定和秩序，同时也要善用非线性时间带来的自由和机遇。

也许，答案就在于创造我们自己的"时间乐章"。我们可以为自己设定一些固定的日程，比如每天在固定的时间起床、锻炼或阅读，这样可以给生活带来一些确定性和秩序感。同时，我们也可以留出一些自由时间，用于探索、创造或者放松。

更重要的是，我们需要学会"调频"自己的时间观念。在需要专注和高效时，我们可以切换到线性时间模式，严格按照计划行事；而在需要创意和灵活性时，我们可以切换到非线性时间模式，让思维自由翱翔。

正如一位哲学家所言："时间是我们创造生活的材料。"无论是线性时间还是非线性时间，关键都在于我们如何利用它们。我们可以选择让时间成为压力的来源，也可以选择让它成为我们实现目标的工具。能否找到那条存在于二者之间的隐形线索，决定了我们能否在现代社会中生活得从容而自如。

无边界的陷阱：工作与生活的模糊界线

　　现在，我们正身处一个"无边界"的社会中，时间变得无形，工作和生活的界线近乎消融。你可能已经体验过这样的时刻：周末下午，你刚准备享受难得的休息时光，却突然收到了一条工作消息。你知道自己应该好好休息，但那条信息似乎有种无形的拉力，让你无法忽视。于是，你拿起手机，开始处理工作。生活与工作就这样在一瞬间交织在一起，不给你留出任何喘息的空间。

1. 数字化生活中的多重身份

　　让我们首先意识到这样一个事实：数字化设备使我们成了多重身份的载体。你可以在同一个设备上完成工作、社交、娱乐等任务，仿佛你的生活在这个虚拟空间里实现了"扁平化"。你可能刚刚回复完老板的邮件，立刻又在社交软件上与朋友打趣，甚至再过几分钟就切换到一个短视频平台，沉浸在娱乐之中。我们以为自己拥有掌控这一切的能力，可实际上，我们也被这种时时刻刻的"在线"状态牢牢束缚着。

　　想象一下，早晨醒来，你的第一反应是什么？你可能会习惯性地拿起手机，查看工作邮件，刷一刷社交媒体，或是看看今天的日程安排。这种看似日常的行为，正是在无边界的数字社会中产生的。我们渐渐忘记了生活和工作的界线，时间飞逝而过。

2."时间陀螺"：无法停下的旋转

　　我将上文中描述的现象称为"时间陀螺"——我们像陀螺一样被时

间推着不断旋转，在生活中的每一刻，我们都像是奔跑在一条永不停歇的赛道上。无论是白天还是夜晚，手机的提示音、未读邮件和社交媒体的通知，像一条条无形的鞭子，不断抽动陀螺，加速它的转动。我们失去了对时间的掌控，反而成了时间的囚徒，被迫参与这场无休止的旋转竞赛。

王新立是一名银行系统运行保障程序员。他的生活与工作界线几乎是完全模糊的，作为技术支持，他常常需要在深夜处理突发的故障问题。即使晚上熄灯上床，手机的振动也会让他心惊肉跳。一次又一次的提示音，让他无法进入深度睡眠，因为他的大脑时刻处于一种"待命"状态，随时准备着应对突发状况。他仿佛变成了一个永远无法停下的旋转陀螺，工作压力和持续的紧张感让他的健康逐渐恶化。

3. 无边界文化的 24×7 效应

无边界并不是一个孤立的现象，而是整个数字社会运行机制的产物。24 小时在线、7 天无休的文化已经渗透进了我们生活的方方面面。我们习惯了即时回应，期待快速反馈，仿佛一切事情都需要立即处理，而迟疑和等待成了一种错误。

想象一下，在一个繁忙的工作日，明明还在工作时间，你却不自觉地打开了社交媒体，浏览朋友的动态或看几段短视频。这种短暂的逃离给了你片刻的放松，同时也打断了你对工作的专注。如此往复，我们就会陷入一个循环：工作和生活交替侵入彼此的领域，形成一种持续的模糊状态，仿佛我们总是在工作，同时也总是在"消磨"时间。

4. 模糊界线的代价：压力与倦怠

无边界的状态给我们带来的最显著影响，便是持续的压力和倦怠感。心理学家发现，当工作和生活的界线被打破时，人们更容易感到疲倦，也更加无法专注。持续的多任务处理行为不仅降低了我们的工作效率，还增加了我们的心理负担，甚至可能会引发焦虑和抑郁。

许多公司已经意识到了这一点，也有一些公司开始探索如何解决"工作与生活融合"带来的问题。比如，法国于 2017 年开始施行一项名为"下班离线权"（droit à la déconnexion）的法规，明确规定员工在下班后有权不回复与工作相关的电子邮件或电话。这一举措让法国的诸多公司在数字化工作场所的变革中，开始重新思考如何划清工作和生活之间的界限，以保护员工的心理健康。

总之，在这场 24×7 的游戏中，真正的赢家不是那些随时在线的人，而是那些懂得何时停下、何时设定边界，并且能够掌控自己时间节奏的人。我们有权选择不被时间陀螺所绑架，而是保持属于自己的、更加真实的生活状态。

碎片化时间，拼凑人生：数字时代的忙碌与焦虑

每天清晨，当丽莎睁开双眼时，她看到和听到的不是阳光和鸟鸣，而是手机屏幕的亮光和一连串的手机铃声。她是一位"80后"职业女性，生活在繁忙的深圳。作为一个在职场打拼的中层管理者，她的日子看似井然有序，实则被无数个"碎片化时间"占据着。

在日益加速的数字化生活中，我们正在与碎片化时间赛跑。每一天，我们都试图在短暂的空隙中塞入更多的任务和信息。这是一种表面上的高效，却在无形中加剧了我们的焦虑感和疲惫感。

1. 碎片化时间中的现代生活

清晨六点，手机闹铃响起，丽莎匆匆从床上起身。她睁眼后的第一件事不是感受新一天的阳光，而是解锁手机，浏览工作邮件、新闻推送和社交媒体消息。在吃早餐时，她也不会放下手机，而会一边吃着吐司，一边刷着朋友圈，想要尽可能快地"参与"朋友们的生活。到地铁里，她会利用短暂的通勤时间，匆忙浏览专业领域的最新文章和短视频，希望能在碎片化的时间中"充实"自己。

她的生活几乎被无数个碎片化时间拼凑而成。她希望在每一片碎片中完成工作、学习、社交，甚至包括放松。但渐渐地，她开始感到沉重和焦虑。这些碎片化时间中不仅充斥着无休止的需求，而且仿佛在逼迫她时刻做出选择：回应哪一条信息？优先处理哪一项任务？每一个时刻，丽莎都在面对一种潜在的紧张感。数字时代的生活看似便利，也让

我们深陷其中难以自拔。

丽莎的故事并非孤例。在数字社会中，越来越多的人在各种各样的碎片化时间里进行着类似的"无效忙碌"。在调研中，我遇到了一位名叫刘友华的年轻人，他的生活同样被碎片化时间所支配。他告诉我："我常常利用碎片时间刷社交媒体、浏览新闻和视频，起初觉得这样能让我掌握更多信息，感觉生活特别充实。"但随着时间的推移，刘友华渐渐意识到，这种碎片化的体验虽然带来了海量的信息，但他很少有真正记住的内容。他变得越来越浮躁，难以静下心来深度学习或思考。

这种体验对许多人来说都似曾相识。我们以为自己在不断地获取知识、拓宽视野，可实际上，我们的注意力被切割得支离破碎。更糟糕的是，这种状态让我们拥有了一种"假充实感"，表面上充盈，实际上却日益空虚。

2. 拼凑人生：失去深度的碎片化体验

除了社交，碎片化时间还影响了我们的思考方式。我们习惯于在短时间内快速浏览信息，逐渐失去了深入思考的耐心。如今，很多人发现自己无法像过去那样专注于阅读一本书、一篇文章，甚至是观看一个长视频。我们变得急于求成，总希望能够在最短的时间内获取尽可能多的知识和信息。然而，结果往往是，我们对看到的内容只是浮光掠影地浏览，无法对它们产生深刻的理解。

这种体验在数字时代尤为常见。回想一下，你有多久没有专心地完成一项复杂任务了？我们总是被各种信息流打断，难以集中注意力去完成一项需要深度思考的工作。碎片化的时间将我们的注意力分割成无数个小块，它们拼凑起来的生活似乎忙碌无比，实质上却失去了深度和连贯性。

3. 碎片化时间的机会与挑战

不过，碎片化时间的影响并不全是负面的。正如丽莎的例子所展示的那样，数字社会也为我们带来了前所未有的灵活性和自由度。利用碎片化时间，我们可以在通勤时浏览新闻、在排队时学习一门新技能、在等待时完成工作中的简单任务。这种便利性使我们可以随时随地高效地利用时间，最大化我们的生产力。

但问题在于，我们如何在碎片化时间中找到自己的节奏？碎片化时间本身并不可怕，可怕的是，我们在其中迷失了自己。如果我们无法合理应对这些碎片，任由不经筛选的信息和任务占据日常的每一个空隙，碎片化时间就容易成为我们焦虑的源头。

加速社会：数字时代的时间感知

在我们如今所处的数字时代，时间已经不再像一条单向流动的河流，而更像一张由无数溪流组成的复杂网络，它们在不同的时空节点纵横交错。这带来了一种新的生活方式——我们正加速进入一个前所未有的社会状态：加速社会。正如前文所述，在这个社会中，时间不再以固定的节奏流动，而在以惊人的速度缩短、压缩、重组，变得像一位隐形的策马骑士，时刻在我们身后追赶，促使我们不断前行。

1. 数字时代的时间压缩

数字化将时间概念彻底颠覆。举个例子，我们不妨看看电子邮件和即时消息的出现是如何重塑人们的工作节奏的。在 20 世纪末之前，一封信件从寄出到收到，至少需要几天时间。在此期间，寄信人有时间思考和等待，收信人也拥有足够的空间来准备回应。这个过程是线性的，有明显的节奏。而随着电子邮件和即时通信工具的普及，时间被无情地压缩。工作中的问题需要得到即时解决，信息的传递时长从几天缩短为几秒。无论你身处哪个时区，消息都能瞬间到达你面前，你的反应也不再被允许拖延。

原本只存在于物理空间的社会互动，如今在数字空间中加速发展。甚至爱情也在加速社会中被重塑——从相亲到闪婚，许多浪漫关系从萌芽到婚姻的速度越来越快。各类约会软件便是其中的催化剂，人们可以在几分钟内"遇见"成百上千个潜在的伴侣，这种高效匹配系统深刻改变了现代爱情的面貌。

2. 时间成为资源的稀缺性

在这个加速社会，时间俨然成了一种极为稀缺的资源。我们被要求以更少的时间完成更多的任务。数字经济对"即时"要求的普及已经渗透到了几乎所有领域：工作、娱乐、社交甚至家庭生活。

以电商为例，快递小哥的"次日（隔日）达"服务已经成了现代消费者的时间需求标准。谁还愿意等待好几天甚至几周才收到一个包裹？这种对速度的追求不仅改变了人们购物的方式，而且塑造了人们的消费心理。我们对时间的要求越来越短，耐心与等待成了奢侈品。这并非只是因为人们变得急躁了，更是因为社会整体结构和运行模式发生了根本性改变。时间像金钱一样，变成了一种可以交易和管理的资源。我们甚至有了"时间管理"的课程、工具和应用软件，它们声称能帮我们在有限的时间里做更多的事。其实，它们反映的是我们对速度的焦虑——我们总是觉得时间不够用。

3. 社会互动的加速：速度取代深度

在数字社会中，人与人之间的互动也被卷入了加速的浪潮。社交媒体平台鼓励的是快速的点赞、转发和评论，而不是深度的交流和讨论。我们每个人都像是在信息的洪流中游泳，随时准备应对下一波浪潮。在这样一个节奏飞快的世界里，信息和事件的价值往往取决于它们传播的速度，而非内容本身的深度。一个新闻热点可能在几小时内吸引了全世界的关注，但往往在几天后便被新事件淹没，成为过眼云烟。

这一现象甚至影响了我们的社交关系。我们可以通过社交媒体快速地与成百上千个人建立联系，却往往会发现这些联系正变得日益肤浅而短暂。我们不再愿意用大把的时间来经营一段深厚的关系，因为加速的压力使我们倾向于快速获取社交回报，而非进行长期的情感投资。曾经，人们依靠长时间的对话、深入的沟通来维持关系，而如今，一个小小的表情符号或"在线状态"似乎就能在一定程度上展现我们的情感状态。

4. 逆流而上的慢生活：重新发现时间的意义

不过，在加速社会的浪潮中，也有人选择逆流而上，追求所谓的"慢生活"。这种生活方式在许多地方，尤其在一些北欧国家中得到了倡导和实践。人们开始意识到，速度快并不总是意味着效率高，慢下来反而能够让我们重新连接自我、他人和世界。慢食运动（slow food movement）就是对抗快餐文化的一种尝试，旨在提醒人们，食物的制作与享用不应该被时间的压力所支配，我们应该尊重自然的节奏，享受食物背后的手艺与情感。

这种"慢"的哲学同样可以延伸到数字生活中。面对社交媒体的持续轰炸，一些人选择进行"数字戒断"（digital detox），让自己定期远离手机和电脑，重新体验非数字化的生活节奏。这不是一场彻底的逃离，而是人们试图重新掌控自己时间的象征。通过这种方式，他们试图为自己找到一个数字与现实之间的平衡点。

5. 加速社会的未来：不可逆转的洪流

我们正在进入的加速社会，要求我们重新思考时间的意义和价值。在时间的洪流中，我们不可能完全停下来，但或许我们可以学会控制速度，掌握节奏。数字化确实给我们的生活带来了无尽的便利，但它也让我们承受了前所未有的时间压力。我们需要做的是找到一种新的平衡，在享受技术带来的高效生活的同时，也不忘记时间的原始节奏。

正如德国社会学家哈尔特穆特·罗萨（Hartmut Rosa）在其著作《加速：现代社会中时间结构的改变》中所指出的那样："现代生活不仅

是加速的生活，它也是一种不断从中获得意义的努力。"① 在这个过程中，我们可能不需要对抗加速本身，而要学会在加速中寻找片刻的停顿。我们要认识到时间的全新意义，不把它当成工具，在加速与减速之间找到属于自己的生活节奏，重新感受时间的深度与广度。

① 哈尔特穆特·罗萨.加速：现代社会中时间结构的改变 [M].董璐，译.北京：北京大学出版社，2015.

温暖时刻：时间胶囊与数字记忆

一个写作的晚上，我打开了已经很久没用过的一款社交软件。屏幕上跳出了我在五年前的同一天分享的一张照片：我正在和几位"驴友"登山徒步。几年后，有一位"驴友"不幸因病去世。看着照片，我的思绪被带回了那段美好的日子。它不单单是一张照片，更像是一个被网络精心保存的时间胶囊，承载着我宝贵的回忆。

数字空间是一个巨大的图书馆。在这里，我们的每一条动态、每一张图片、每一段文字都如同一本本厚重的书，被紧密地堆放在一排排书架上。每当我们翻开这些书时，我们都能找到过去的自己，重新经历那些被时间埋藏的时刻。

1. 开启时间胶囊的"回忆"功能

网络，这个充满无限可能的空间，在保存我们的点点滴滴方面有着无可比拟的魔力。社交平台就像我们的个人历史博物馆，里面珍藏着我们的笑容、眼泪、成功和失落。小丽是一个热爱生活的女孩，她常常在社交媒体上分享自己的生活点滴。当她回顾这些曾经的分享时，她可以瞬间回到过去，重新感受那时的喜怒哀乐。甚至，她还可以在这个数字博物馆中重新编织自己的故事，加入新的感悟和理解。

2. 网络时光的保存与回溯：时间胶囊的多维展示

网络不仅保存了文字和图片，还有别人的评论、点赞和分享，记录了当时的情感和氛围。这种多维度的信息，使回忆变得更为丰满和真实，让我们能够更加完整地回溯和感受过去的时光。

3. 回忆的筛选与放大

网络的时间胶囊不仅是个记忆的仓库，更是一面独特的镜子，有时会放大我们生活中那些珍贵、美好的瞬间。它似乎有一双慧眼，能筛选出那些色彩缤纷、触动心灵的片段，让我们在或平淡或忙碌的日子里，重新捕捉那些被埋藏的宝贵记忆。

4. 时间胶囊的治愈力量

网络时间胶囊还具有一种神奇的治愈力量。当我们身处低谷，感觉一切都充满了阴霾时，它会如同一个老朋友一般适时地出现，向我们展示那些被遗忘的温暖和喜悦。一位小伙子名叫逸飞，他正在经历一段痛苦的失恋期。在一个寂寥的夜晚，时间胶囊向他展示了两年前他完成马拉松的那一刻。那时的他满面红光，目光中充满了坚定和自信。这一幕无意中唤醒了他内心的力量，让他意识到生活中还有很多其他值得追求和坚持的事情。

5. 珍藏网络时光的社会意义

网络时间胶囊让我们有机会以一种新的方式珍藏和回顾过去。它不仅仅是对时间的记录，更是对个人历史和情感的保存。与传统的照片和日记相比，这种保存方式更加丰富和立体，能够更真实地反映和记录我们的生活。

这样的数字记忆不仅仅是个人的回顾和复盘，更是社会和文化的缩影。历史学家和研究人员可以通过数字空间中的一粒粒时间胶囊，深入探究一个时代的思想潮流和文化演变。比如，通过分析过去十年间的网络热词和话题，我们可以更好地理解这个时代的价值观和社会变迁。

举个例子，陈思只是一个普通的家庭主妇，但她的博客记录了过去十年中她对生活、家庭、社会的所有感悟。虽然她可能只是为了发泄情感而写，但她的博客文章可以成为研究她所在时代的都市女性心态的珍贵材料。这粒时间胶囊中保存了陈思的每一次思考、每一份洞见，让未来的研究者有机会深入那个特定时期的社会文化背景进行探索。

6. 反思：网络时间胶囊的影响

虽然网络时间胶囊带给了我们回忆和珍藏过去的方式，但它也可能让人过度沉浸在过去的情绪和回忆中。我们应该如何看待和使用这些网络时间胶囊，又该如何保持对当前生活的关注和珍视呢？

此外，数字空间的时间胶囊模糊了过去和现在的界限，让我们在回顾和重写记忆时可能会受到现实的影响和制约。同时，这也带来了一个问题：数字空间中的时间胶囊是否能够准确、公正地反映历史进程？在这个可以编辑、删除和修改的空间里，历史的真实性和完整性会不会受到影响？

时间胶囊与数字记忆是数字空间带给我们的宝贵财富。它们不仅赋予了我们重温过去的能力，也为社会历史的研究提供了丰富的资源。让我们珍视这个特殊的"图书馆"，在回顾过去的同时，不忘初心，继续前行。

第二章

流动的空间：
从地理到心理

在这个由 0 和 1 编织而成的数字时代，我们正经历着一场前所未有的空间变革。在这片无边无际的"数字新大陆"上，我们不再被物理距离所束缚，却可能被算法和信息茧房所困。我们获得了前所未有的自由，也面临着身份认同的危机。当我们的生活越来越多地在数字空间中展开时，我们不得不重新思考：在这个虚拟又真实的世界里，我们该如何定义自己？如何与他人建立联系？如何满足我们最深层次的需求？

距离消解：心灵与技术的无边界流动

一篇题为《前滩太古里老年人游乐指南》的文章引发了许多人的关注，它讲述的是前滩太古里成了上海老人们的乐园，阿姨爷叔们在广场上争奇斗艳、摆出各种造型拍照、录小视频。这只是故事的前半段，后半段发生在数字空间中。阿姨爷叔们在太古里的身影，很快出现在他们的朋友圈、抖音、小红书等社交媒体的更新列表里。一名 68 岁的阿姨，因为发在抖音上的一张照片被粉丝点评不够完美，心里不服气，第二天一早又赶到太古里补拍了一张。

当我们谈论空间时，我们不再仅仅局限于地理的、物理的边界，而延伸到了心灵的、感知的领域。数字空间不仅仅是数据的交换场所，更是人类相互感知和交往的新领域。在这个流动的空间里，我们可以重构对现实的理解，展开对未知的探索。

1. 地理空间：固定的边界

在深夜的安静时分，我常常独自坐在书桌前，透过窗户看到的是实实在在的楼宇、树木和星空。然后我转过头来，眼前的电脑屏幕显示着另一个"空间"——短视频、直播、社交媒体的热搜、视频会议。这两者都是"空间"，却又截然不同。

传统的空间是实实在在的，它有形有体，可以触摸，可以感受。传统线下市场人声鼎沸，商品琳琅满目。在这样的空间里，交易和交流是直观和即时的。人们可以触摸商品，与商贩直接砍价。这样的空间中充满了人情味和生活气息，但也受限于地理位置和时间。简而言之，在传统的认知中，空间是有形的、具象的，它与时间相绑定，决定了我们与物体和他人的距离。

在传统意义上，地理空间是固定且有边界的。它由山川、河流、国界线等自然和人为的界线所划定。在这样的空间里，我们的行为和交流受到了很多限制。时间和空间的限制，使得我们的生活和交往有着固定的模式。人们生活在固定的空间中，由这些实实在在的空间塑造身份、引导思考，构建心灵的家园。

我们需要通过车、船、飞机等交通工具，跨越地理空间的隔阂，去见一个远方的朋友。

2. 数字空间：流动的空间

进入网络时代，空间的定义发生了翻天覆地的变化。数字空间打破了传统空间的物理和时间限制，成为一个无边无际、自由开放的新领域。以淘宝为例，它是一个虚拟的市场空间，无数的买家和卖家在这里聚集，进行交易和互动。不同于传统市场，淘宝不受时间和地理位置的限制，人们可以随时随地对商品进行浏览和购买。

如果现在你走进一家书店选一本书，然后坐在安静的角落里沉浸其中，这本书和你之间几乎可以说是零距离的。但当你在手机上阅读电子书时，这本书的内容可能被存储在数千公里之外的服务器上，你和它之间的距离无比遥远，但在你的感觉上又如此接近。

再来看看微信。你朋友圈里的人可能分布在全球各地，有些人你大概已经多年未见。在现实空间中，你们彼此之间的距离很远，但在数字空间里，你们只需要点开对话框，即可跨越数千公里的空间障碍，进行实时交流。

数字空间不仅仅是一种技术上的存在，更是人们心灵感知和情感交流的平台。这里没有实体的房屋和街道，但有着丰富的心灵景观和情感交融。在这里，人们可以抒发内心的感受，寻找灵魂的共鸣，体验不同的文化和思想。数字空间中的社交成了一种新的社交形态，数字空间是人们的心灵可以自由延伸和流动的场所。

例如，社交平台上的各种小组和社区，就是人们根据兴趣和需求自由聚集的空间。在这里，人们可以找到志同道合的朋友，分享自己的知识和经验，共同探讨和学习。它们如同一个个虚拟的"咖啡厅"，人们可以随时走进来，感受温暖和支持。

于是，我们看到，数字空间的流动性已经成为一种新的心灵感知的方式。它让我们能够在更广阔的空间中感知世界，体验生活，获得心灵的自由。在这个流动的数字空间里，每个人都可以找到属于自己的位置，构建自己心灵的家园。

3. 流动的空间的意义与内核

数字空间的流动性不仅仅影响了我们的个人体验，而且正在深刻地影响着社会结构及其运行机制。它为社会交往、文化交流和知识传播提供了新的空间，也为我们理解和应用社会学概念提供了新的视角。例如，在某个重大社会事件发生时，数字空间的流动性使得信息能够迅速传播，人们可以即时了解和参与社会议题的讨论，这种流动性也在某种程度上推动了社会的进步和发展。

数字空间是由集体思想的互动塑造的心灵空间，它不是一个物理意义上的空间。当人们在数字空间中互动时，仍然能感觉到区域的存在，只是这个区域已经没有了物理地点上的意义。在心灵意义上，人们在这里拥有共同的兴趣和爱好，也能进行思想交流。

　　空间的重新定义是网络时代的一大特点，它带给了我们无限的可能性，同时也带来了前所未有的挑战。正如一位哲人所言："时间与空间是我们创造生活的材料。"在数字与物理空间交织的当下，我们既要坚持技术创新，让心灵自由流动，也要时刻铭记：真正的距离，不仅仅存在于屏幕的两端，还深藏在我们心灵的深处。

新空间的诞生：数字社会形态

2006 年 2 月，一组照片在网络上疯传。照片中，一名打扮入时的中年女子怀抱着一只毛茸茸的小猫咪，眼神里满是温柔之意。可就在下一秒，这名女子竟将无辜的小生命狠狠摔倒在地，用那双尖利的高跟鞋一脚踩进它的眼睛和嘴巴，鲜血淋漓。小猫当场惨死。

这组令人发指的照片顿时让许多网民震怒。有人自发号召大家寻找这名虐猫女子的踪迹，一张简陋的"通缉令"也被制作出来并广为流传。在数字时代，网民的力量是不可小觑的，他们迅速锁定了目标人物及其所在地，跟踪调查的过程堪比一部侦探推理剧。

起初，大家的目光落在了杭州市，因为一名网友在当地的一个网站上发现有类似的虐杀小动物视频及光盘销售。紧接着，目标被暂时锁定在山东一带。最终，这个虐猫事件的主犯被彻底锁定在黑龙江省的一个小村镇中。在公众舆论的压力之下，虐猫女子不得不站了出来，她也因此失去了工作。

这个令人发指的事件再次唤起了人们对网络暴力和社会公德的重视。数字世界虽然是虚拟的，但它也是现实生活的一个投影，我们在这个世界里也需要秉持基本的人性良知和道德操守。任何生命都应该受到尊重与呵护，而网络绝不该成为人们释放恶意与暴力倾向的空间。

数字空间已经成了一个独立而丰富的社会环境。在这里，人们可以交流、学习、工作、娱乐，也可以建立和发展社会关系。网络社区、社交媒体、在线市场等新的平台不断涌现，提供了一个多元化和全球化的交互空间。这使得数字空间不仅仅是信息传递的通道，更是一个充满活力和可能性的场所。

数字空间不只是信息的集散地，也是一种社会结构和秩序的体现。在这个虚拟世界里，新的社会关系和组织形式正在形成，传统的社会结构和权力关系也得到了重新配置和定义。虽然我们的身体依旧存在于物理空间，但物理空间的意义和价值也随着数字空间的发展而发生了改变。

1. 空间重构：数字世界的形式和结构

数字空间的崛起引领着新的空间形式和社会结构的生成。传统的地理和物理边界被打破，取而代之的是一种基于互联网的、流动而灵活的空间组织形式。例如，远程工作和在线教育让人们不受地理位置的限制，可以自由选择生活和工作的地点。

空间重构的变化不仅体现在社会的宏观结构上，也反映在人们的日常生活中。数字空间成为人们获取信息、表达自我、建立关系的重要场所。在这里，人们可以更自由地选择与哪些人交流、参与哪些社群、表达哪些观点。

2. 物理空间的重新评估

虽然我们的身体依旧存在于物理空间，但由于数字空间在社会功能和组织结构中的重要位置，物理空间的意义和价值也随之改变。数字空间的普及和便利性使得物理空间的重要性相对降低，人们开始重新评估和思考物理空间在生活和工作中的作用和价值。

数字空间的发展和演变正在深刻地影响我们的生活方式和社会结构。作为一个新的"生活空间"，数字空间不仅改变了我们对时间和空间的认识，也向传统物理空间的意义和价值提出了新的问题和挑战。

数字空间的发展历程：从简单文本到增强现实

20 世纪六七十年代，阿帕网作为美国国防部的一个实验项目开始运行，它第一次为人类推开了进入数字空间的大门。这个由美国研发的网络，孕育了今天互联网的雏形和基本架构。虽然当时只有少数专业人士能接触到它，但互联网的形态已初见端倪。

转眼到了 20 世纪 90 年代末和 21 世纪初，因特网开始成为日常生活的一部分，人类迈入了数字空间的新纪元。各式各样的门户网站、论坛和博客开始如雨后春笋般涌现，为每个人提供了发声的新平台。人们不再被封闭在现实生活的小圈子里，而可以通过网络与世界各地的人畅所欲言，分享自己的想法和观点。你可能还记得那时的"版主""盖楼"等特有的网络流行语。在"豆瓣"这样的社区中，用户可以自由地讨论书籍、电影、音乐等各种自己感兴趣的内容，构建出一个丰富多彩的文化空间。

这是一场翻天覆地的变革。数字空间打破了信息壁垒，任何人都有机会在虚拟空间中被聆听和回应。因特网的开放性令人们的发声渠道前所未有地多元化。从普通民众到商家再到各种机构和部门，都纷纷入驻线上，与网民互动交流。

社交媒体的兴起，则将数字空间带入了另一个全新的领域。人们在虚拟平台上可以自由切换身份，打破现实生活中的种种约束，尽情探索自我。在这里，你可以是任何人，过着任何你喜欢的生活。网民们借助语音、文字、图像和视频，建立起新的社会关系网络，创造出前所未有的网络文化。

从自拍、直播到 vlog，网民们不断尝试新的内容形式，创造出了一种独特的网络语境，网络中也出现了无数"红人"。数字空间一度成为年轻人展示自我、追逐梦想的快车道。对这一代人来说，虚拟世界就像第二个家园。

科技的进一步发展令数字空间让人更有身临其境之感。虚拟现实和增强现实技术的普及，让人们可以在物理世界和数字世界之间自由切换。只需要穿戴特殊设备，一个人就仿佛置身于另一个全息投影的奇境，与虚拟内容无缝融合。

游戏已不仅仅是游戏，玩家们可以在虚拟世界中社交、工作，甚至进行消费。空间计算和元宇宙的概念应运而生，人们未来的数字生活会更加智能化，交互性也将越来越强。以《宝可梦 Go》为例，在这款游戏中，AR 技术将虚拟的宝可梦融入真实的世界，人们可以在街头巷尾寻找和捕捉宝可梦，这不仅改变了传统的游戏玩法，也让数字空间与现实空间产生了更加紧密的联系。

在这个日新月异的科技变革时代，无论是在过去的影像记录中，还是在当下已经渗透进日常的虚拟世界里，或是在将来难以想象的奇妙景象中，数字空间都会持续影响人类文明，并为其发展提供无穷无尽的动力。数字世界不仅深刻改变了我们的生活方式，而且将持续改造我们的认知结构和思维模式。在这个由码农、创作者和科学家共同孕育的光怪陆离的虚拟之境中，人们的创造力将得到前所未有的极大释放，人类的未来将远比我们今天想象的样子更加精彩纷呈。

身体不在现场：数字身份的交往

在这个高度数字化的时代，数字空间成为我们社交、工作和生活的重要延伸之处。我们用数字身份在这个无边无际的网络世界里游走，而我们的肉体被固定在现实的时间和空间中。我把这种奇特的现象称为"身体不在现场"，它为我们打开了探索数字社会学的新维度。

数字空间的特点之一是"去实体化"，这个概念听起来有些抽象，但仔细想想，我们或多或少都有过这样的体验。试想，你在社交媒体上看到了一则信息或一张图片，里面可能并没有实实在在的人，但我们可以通过文字和图片感受到发布者想要表达的情感和传递的信息。在这个虚拟的世界里，我们的身体消失了，取而代之的是 ID、头像、文字和表情符号等数字元素。

"身体不在现场"给我们带来了无限的可能性和自由。比如，一个内向的人在现实生活中可能会因为害羞而很难表达自己的想法和感受，但在网络世界里，他可以借助文字和图片更加自由地表达自我，展示自己的多面性。在调研中，章晓月是一个性格腼腆的学生，平时不太擅长和人交流。但是，在数字空间中，她有一个非常活跃的博客。通过文字和图片，她可以自如地分享自己的生活和想法，吸引了很多粉丝。在这里，她没有了现实中的拘束和顾虑，能够更加真实和自在地表达自己。

但是，"身体不在现场"也带来了一些问题。在现实世界的交往中，我们可以通过面部表情、语气和肢体语言来感知对方的情感和意图。而在非视频类数字空间中，这些非言语信息被大大减少，我们更多地依赖于文字来理解他人的意思，这就可能导致误解和冲突。比如，在一个微信群里，两个用户在对一件事情的看法不同时很容易发生激烈的争论。由于缺乏面对面交流，因此他们很难准确把握对方的态度和意图，最终就出现了不必要的误解和矛盾。

当我们与他人在线聊天时，我们很难通过文字来判断对方的语气和情感，一个简单的玩笑也可能会被误解为一种攻击。记得有一次，我在一个网络社交平台上和一个朋友开玩笑说："你这么懒，到现在还没完成那个任务？"我原本想用调侃的方式让他感到轻松，而我的朋友却认为我在嘲笑他，导致我们之间出现了一场小小的冲突。

数字空间中个体"身体不在现场"的特点，也让我们对自我展示和社交规则产生了新的认识。在网络的大舞台上，我们都成了导演和演员。我们选择性地展示自己，精心策划每一帧画面、每一句话，想要构建一个理想的自我。这是一件有趣的事——我们不再仅仅是生活的参与者，更多的时候，我们还可以是生活的表演者。

正因如此，当我们在社交媒体上看到他人的"完美"生活时，我们就很容易陷入"社交比较陷阱"。我们开始质疑自己的生活是否太过平凡，思考自己是否应该更加努力地追求那些表面上的成功和幸福。我们开始焦虑，开始不满。但我们很少意识到，那些"完美"的瞬间，往往只是生活中精心挑选的一个切片，而不是整体。

记得有一次，我在和一个朋友聊天时，他告诉我他在社交媒体上看到了我们的一个共同朋友的旅行照片，非常羡慕对方，觉得自己的生活太过平淡。但当我和那个共同朋友聊天时，他告诉我，那次旅行其实是为了"疗伤"，因为他刚经历了一次公司破产。这让我意识到，社交媒体上的一切都不是看起来的那么简单。

因此，我们应该学会用一个更加开放和包容的心态去看待数字空间。不要轻易地对他人的生活产生误解，也不要轻易地对自己的生活进行否定。每个人都有自己的故事，也都面临着自己的挑战。我们应该学会珍惜自己生活中的每一个瞬间，而不要盲目地追求那些表面上的幸福和成功。

总而言之，数字空间中个体"身体不在现场"的特点，为我们的社会交往和自我表达提供了新的可能。它让我们重新审视数字社会的规则和秩序，也为我们理解数字时代的社会关系提供了新的视角。

数字空间中的匿名性：面具背后的真相与幻象

在今天的数字化时代，每个人都可以成为数字空间的一部分。网络匿名性就像一张无处不在的面具，为我们提供了一个隐藏身份的选项。但这张面具背后隐藏的是什么？是一个更真实的自我，还是一个更混乱的世界？

1. 为什么我们需要匿名

对很多人来说，网络匿名性是一把保护伞。你可以在不被认出真实身份的情况下分享自己的想法和情感，不用担心被实名批评或被误解。许多人会在心理健康论坛上分享自己的心路历程，希望找到解决自己心理问题的方法，或者只是想找一个自由倾诉的地方。在这里，网络匿名性给了他们一个安全的环境，让他们可以坦诚地表达自我。

玉莹是一个普通的上班族，每天都过着忙碌的生活。不过，她有一个自己的小秘密：她在网络上写日记，分享自己的生活琐事、情感历程和困惑。因为匿名，所以她不担心会被现实生活中的熟人认出来，可以毫无保留地写下自己的感受。有一天，她写下了自己工作上的压力和对未来的迷茫。不久后，她收到了很多陌生人的回复，他们分享了自己的经验和建议，给了她很大的鼓励。这就是网络匿名性的好处：它可以把陌生人连接起来，让他们成为彼此的支持。

可以说，数字空间中的匿名性和自由度鼓励了更多的人参与到数字社会的互动中来，丰富了网络文化的多样性。

2．匿名的两面性

与此同时，网络匿名性也带来了一些问题。有些人利用它传播虚假信息、损害他人的名誉，甚至进行网络欺凌。因为隐藏在面具背后，所以他们觉得自己可以为所欲为，不必为自己的行为负责。

让我们通过一个案例来进一步探讨这个问题。段亦可是一名办公室白领，有一天，他在一个论坛上看到了一条关于某个公众人物的负面新闻。出于好奇和跟风的心态，他也加入了讨论，发布了一些没有经过验证的信息和评论。由于是匿名发布，因此段亦可没有太多顾忌，他觉得这样做不会有任何后果。很快，这些信息在网络上引起了广泛传播和关注，造成了严重的社会影响和对那个公众人物个人名誉的损害。后来，那些负面的信息被证实是错误的，段亦可也意识到了自己的冲动和不负责任。可是，已经造成的伤害是很难被弥补的。

这个案例展示了网络匿名性的两面性。一方面，它确实给予了用户更多的自由度和表达空间；另一方面，它也可能会让一些人做出不负责任的行为，如散播虚假信息、进行网络欺凌等。如果缺乏直接的追责手段，这些行为的数量很可能会变得更多。

3．找回网络秩序

网络匿名性到底是好是坏？我们无法给出一个简单的答案。不过，我们可以更深入地探讨其背后的社会学机制。网络匿名性实际上改变了人们的行为规范和互动方式。在匿名的保护下，人们更有可能表达自己的真实想法和感受，这无疑有助于提高人们发言的自由度和多元性。

当然，数字空间中的人们如果不能有效限制自己的本我需求，随之而来的行为就有可能会带来伤害。你可以通过下面这个案例来思考：2020 年 7 月，杭州市一家超市的老板郎某在隔壁快递点看到了一名取快递的女子。也许是一时兴起，或是别有用心，郎某对这名女子偷偷拍下了一段短视频。随后，郎某与朋友何某开始了骇人听闻的"编造秀"。他们捏造了关于这名女子与快递员"不雅勾当"的虚假聊天记录，将其发至微信群中。接下来，数字空间中的愤怒之火一下子被点燃，谩骂声、诽谤声在这片原本宁静的虚拟空间中肆意蔓延。一时间，各种关于这名女子的谣言铺天盖地而来，让人不寒而栗。

很快，杭州的这起"女子取快递被造谣出轨"事件便在网络上疯传开来，该词条在某个平台上的阅读量高达惊人的 4.7 亿，讨论人次更是达到了 5.8 万之多。而可怜的当事人谷女士却在这场在数字空间中炮制的虚假风波中，遭受了无端的羞辱和诽谤。无辜的她丢失了工作，更在求职过程中屡屡被人拒之门外，如坠深渊。最终，她不堪重压，陷入了抑郁状态。

面对如此令人发指的人格侵犯和精神摧残，谷女士决定向警方寻求帮助。经过案件审理，罪魁祸首郎某和何某被判处行政拘留九日的处罚。可是，这小小的事后惩戒，又怎能平复谷女士遭受的创伤？她决定不当一个看似弱小的受害者，而是以当事人的身份，向法院提起了刑事自诉。

检察机关在权衡数字空间中的信息传播力度和危害程度后做出了冷静判断，将这起事件定性为"严重扰乱网络社会公共秩序"的诽谤事件。最终，余杭法院当庭宣判：郎某和何某两名被告均以诽谤罪被判处有期徒刑一年，缓刑两年。

这起震惊社会的事件展示了数字空间的强大力量，以及隐藏在其背后的阴暗面。我们应当时刻谨记，数字空间虽非实地，却并非无主之境，决不容许任何人在其中为所欲为、肆意妄为。每一个人的荣誉和尊严，都应该受到足够的保护和尊重。

附近的消失

在数字时代，"附近"这个词正逐渐失去它曾经的物理意义。我们生活在一个前所未有的连通世界中，距离似乎已经不再重要。通过智能手机、社交网络、虚拟现实和其他数字工具，我们可以随时与世界各地的人进行实时互动。这种现象无疑带来了许多便利和创新的可能性，但同时，它也悄然改变了我们对"附近"这一概念的理解，甚至正在消解它的意义。

1. 数字化如何重塑"附近"

想象一下，你走进一家咖啡馆，手里拿着一杯热腾腾的拿铁，正准备坐下与朋友聊一聊最近的生活。就在这时，你的手机发出了一声轻微的提示音，你打开手机，看到一个来自美国西海岸的朋友发来了一条信息，问你今晚能否参加一个线上聊天会。虽然你们身处不同的国家，时差近十小时，但通过在线的连接，你们似乎可以随时相聚。

这种情况已经成为我们日常生活中的常态。技术让我们超越了地理上的局限，创造了一种新的"社交距离"。这种无处不在的连通性让"附近"不再像过去那样只用来描述物理距离。附近的概念不再局限于我们身边的邻居、街区或城市，它已经被扩展为我们可以随时在线触及的人和空间。

让我们看一个具体的例子：外卖平台。它们的成功都离不开一种关键的数字算法——距离计算。在传统社会中，"去附近的餐馆吃饭"意味着你和这家餐馆在物理距离上是比较近的。如今，这种"附近"的概念变得模糊不清。外卖平台通过精密的算法，为你匹配了许多家"附近"的餐馆，或许不少餐厅并不在你步行即达的范围内，它们甚至可能位于离你好几公里远的地方。借助数字平台，从下单到收到餐品，你的等待时间可以通过骑手的速度被压缩为仅仅十几分钟或半小时。

这个例子中的"附近"已经不再单纯是物理空间的概念，而是一种通过技术被重塑的概念。我们与商家或服务提供者之间的"距离"正越来越多地通过应用程序、数据流和物流网络被定义。你可能已不再关心某家餐馆是否就在不远处的街角，而关心它家的餐品是否能在你期待的时间内送达。

数字算法重新定义了"附近"，让它成为一种衡量服务可达性的概念。我们所处的生活空间正在以这种微妙的方式被数字系统重构。

2. 社交关系中的"附近"：全球连接与本地疏离

社交生活中的"附近"也在发生同样的变化。通过微信这样的即时通信工具，我们可以随时与远方的朋友进行语音通话、视频聊天，分享生活中的点点滴滴。这种技术带来的便利性让距离似乎变得不再重要。无论你的朋友是在隔壁的街区，还是在地球的另一端，你都可以在几秒内与他们取得联系，好像他们就在附近一样。

但这种全球连接的便利性也带来了本地的疏离。让我们看看一个典型的家庭聚会场景：在客厅里，家人们围坐在一起，但每个人都紧盯着自己手中的手机，沉浸在各自的数字世界中。虽然他们在物理空间上很接近，但在精神上和社交上是彼此疏远的。那些通过社交网络与远方的朋友保持联系的行为，反而有可能会导致我们与身边人的疏离。

也许，你生活在一个人口密集的都市社区中，公寓楼层高耸，住户人数众多。尽管你与隔壁的邻居仅有一墙之隔，但你很可能不知道对方的名字，甚至从未见过对方。与此同时，你可能在网上有几百位朋友，你每天和他们分享你的日常生活，也会参与他们的虚拟社群讨论。在这样的社会结构中，传统的"邻里守望"正在快速瓦解。我们不再从物理空间中的邻居那里获取支持，而将对这种支持的需求转向虚拟社区，转向那些与我们的地理位置并不邻近，却能在兴趣和话题上产生共鸣的人。

在一些极端的例子中，这种邻里关系的变化甚至影响了城市生活的基本功能。举例来说，日本东京市政府曾经进行过一项调查，发现一些独居人士（包括老人和年轻人）在去世后数天甚至数周才被人发现。这些人往往生活在相对繁华的社区，四周住满了人，却因为邻里之间缺乏互动和关心，导致其在去世后也无法被第一时间发现。这个现象被称为"孤独死"，成了现代都市中"附近消逝"的真实写照。虽然人们的物理距离很近，但在社会和情感上的距离已经变得无比遥远。

3. 购物与服务：本地商户的边缘化

数字经济的崛起不仅影响了我们的社交方式，而且彻底改变了我们与物质世界的互动方式。随着电子商务和在线服务的普及，一些本地商户正在被边缘化。

想象一下，你要买一件衣服，在过去，你可能会走进附近的商场或者街边的服装店，挑选你中意的款式，试穿，付款，把衣服带回家。在这个过程中，你会与售货员互动，可能还会碰到一些熟人，整个购物体验充满了在地性。而今天，这一切已经发生了巨大的变化。你只需要打开手机，进入某个电商平台，在几分钟内就可以完成购买操作。衣服会从某个远方的仓库直接送到你家门口，你全程不需要与任何本地商家接触。

这种购物方式不仅对本地经济产生了冲击，而且进一步加速了"附近"的消失。本地商店，尤其是那些依赖人与人之间互动的商铺，如小书店、咖啡馆、街头小吃摊等，正在日益减少。它们难以在规模与价格方面与电商平台竞争，也无法提供像网购那样的便捷性和选择多样性。一个典型的案例就是街头的实体书店。在电商的冲击下，许多街头书店纷纷倒闭，而这些书店曾是社区文化交流和人际互动的重要场所。

4. 附近的复兴：数字空间中的"本地化"

尽管如此，我们也看到了一些努力，它们试图在数字社会中恢复"附近"的意义。数字化并不一定意味着物理附近的彻底消失，它也可以被重新定义、赋予新的生命。

例如，在共享经济的浪潮中，一些数字平台致力于通过技术重新连接本地社区。以爱彼迎为例的短租民宿平台，让游客有机会住进当地居民的家中，体验当地的文化和生活方式。这类平台不仅打破了传统酒店业的惯性模式，也让居住在全球各地的人们重新体会到了"附近"的温暖。

再如，社交媒体上出现了以地理位置为基础的本地群组或社群。"同城"功能允许生活在同一区域内的人们通过线上平台进行交流，分享本地新闻、活动和资源。这种线上互动为社区重建了一个虚拟的"附近"，虽然它是数字化的，但它能基于地理位置将人们重新连接起来。

5. 如何在数字社会中重新理解"附近"

随着数字社会的发展，传统意义上的"附近"将会继续消解。但这并不意味着我们与附近的人完全失去了空间上的联系，而意味着我们需要重新理解和定义这种联系。地理"附近"的消解，并不代表着情感和社会联结的丧失。数字空间可以成为一条新的社交纽带，为我们提供另一种理解"附近"的方式——这种"附近"可能不再是基于物理空间的，而是基于兴趣、情感、理念和价值观的。

不过，我们也要意识到，在这样的转变中，人与人之间直接的、面对面的互动正在变得更加稀缺和宝贵。如何在数字化生活中保留这种物理空间的"附近感"，并使之与虚拟世界中的"新附近"相得益彰，将是我们在未来需要思考的课题。

"真实幻象"带来的危机

央视网有这样一篇报道：杭州的徐先生是一位玉石爱好者，有人拉他进入了一个微信拍卖群。群里的大家气氛融洽，一本正经地聊玉石收藏与鉴别的知识，让他逐步对这个拍卖群有了信任与归属感。

群里每天都有翡翠玉镯、挂件拍卖，店家不仅给出了保真承诺，还保证不满意可以直接退款。徐先生一开始只看不买，群里面的成员倒是竞价激烈，看到有人以低价拍到卖相不错的首饰，徐先生也开始心痒难耐。

于是，徐先生在看到心仪的玉石后加入竞拍，而且屡屡竞拍成功，他总共拍下了 5 件首饰，花费 7 万多元。可当他拿到这些玉石后，却发现有些不对劲，拿去一检测才发现都是品质不佳或合成类的石头。这让徐先生很生气，他想到拍卖群里要个说法，结果却被直接踢出了群，此时徐先生才意识到自己被骗了，赶紧报了警。

杭州警方经过侦查，在河南南阳的一家网络公司将 4 名犯罪嫌疑人一举抓获。让徐先生傻眼的是，在这个总计 255 人的群里，除了他自己，其他人都是骗子的小号！他们每人有 30 多部手机，会登录几十个小号，冒充买家，自己在微信群里喊价，竞价到一定程度，就让徐先生竞拍成功。

类似的诈骗手段还有"茶叶姑娘"，诈骗步骤分为"养号、刷粉、卖茶、过生日"四个阶段，前期添加客户后，这些"姑娘"会经常聊天打招呼；之后会根据事先准备好的"剧本"，按照"伤心、失恋、工作忙"

等内容，在设计好的不同时间段发朋友圈；然后，再假装因为失恋回老家，发现家里老人检查出身体有问题，来博取男客户的同情，然后以筹集医药费为名推销茶叶。骗子们把互联网的新科技全部都用上了，比如语音变声，可以直接将男性声音变成女性声音。

其实，相对于网络诈骗案例，利用人工智能深度伪造视频及信息来混淆视听，引发人们对数字空间真实性的怀疑的案例更引人深思。

王明怔怔地盯着手机屏幕，难以相信自己的眼睛。在视频中，他的老板正在诚恳道歉，宣布公司经营遇到了问题，并承认多年来一直在进行财务欺诈。这则视频在公司员工群中如野火般蔓延，引发了一片恐慌和愤怒。

然而，仅仅一个小时后，真相大白：这是一个精心制作的深度伪造视频。尽管公司迅速进行了澄清，但实质性损失已经造成——股价暴跌、客户流失、员工信心动摇。更可怕的是，在真相揭露后，还有相当一部分人选择相信那个虚假的视频中的内容。

王明陷入了深深的困惑："在这个世界上，我们还能相信什么？"

这个令人不安的问题，正是我们每个人都必须面对和思考的。在这个真实与虚幻难以分辨的世界里，社会信任正面临着前所未有的危机。

1. 我们正在进入"真实性危机"

"真实性危机"，我想用这个概念描述在人工智能和深度伪造技术的推动下，我们对于什么东西是真实的、可信的判断能力正在被严重削弱的现象。正如法国思想家让·鲍德里亚所预言的那样："在这个由符号和形象构成的世界里，真实已经死亡。"在当今时代，这个预言似乎正在成为现实。我们正处在一个"后真相"时代，事实的重要性可能会被个人信念和情感所取代。

2. 信息生态的崩塌

人工智能技术，尤其是生成式人工智能的发展，使得创造看似真实的虚假信息变得空前容易。这种现象可以被称为"信息污染"。就像环境污染破坏了我们赖以生存的自然生态一样，信息污染正在摧毁我们赖以维系社会运转的信息生态。

3. 身份认同的模糊

深度伪造技术的发展，使得身份冒充变得异常容易。我们可以称这种现象为"数字身份危机"。在这场危机中，我们不仅要担心自己的身份被盗用，而且要面对一个更深层次的问题：在数字世界中，我们如何确认他人的真实身份？

这种不确定性严重影响了人与人之间的信任关系。哲学家伊曼努尔·列维纳斯说："自我的存在依赖于与他者的关系。"当我们无法确定"他者"的真实性时，我们自身的存在似乎也变得不确定起来。

那么，"真实性危机"对社会造成了哪些冲击与挑战呢？

首先，"真实性危机"对社会制度构成了严重威胁。在一些西方国家，选举结果操纵、虚假新闻传播、舆论误导等问题变得更加普遍和难以控制。我们可以把这种现象称为"数字秩序衰退"。在这种情况下，公众的知情权和选择权都受到了严重侵犯。如何在保护言论自由的同时，有效应对虚假信息的传播，成了我们在数字社会中面临的一大挑战。

其次，商业世界也未能幸免于"真实性危机"的影响。在数字空间中，虚假广告、产品评价造假、市场操纵等问题变得更加普遍和隐蔽。我们可以把这种现象称为"信任经济的崩塌"。在一个缺乏信任的市场中，交易成本大幅上升，经济效率显著下降。经济学家肯尼思·阿罗认为，互信是任何经济系统运转的润滑剂。当这种润滑剂消失时，整个经济体系都将受到严重影响。

再次，在日常生活中，"真实性危机"也深刻影响着人们的人际关系。当我们无法确定对方的真实身份和意图时，建立和维持真挚的关系就会变得异常困难。我们可以称这种现象为"数字孤独症"。在这种情况下，人们可能会越来越倾向于退缩回自己的小圈子中，避免与陌生人接触。然而，这种封闭恰恰加剧了人与人之间的不信任。

4. 重构数字社会信任

面对"真实性危机"带来的挑战，我们并非无计可施。以下是一些可能的应对策略。

（1）培养"数字辨识能力"。在这个信息爆炸的时代，每个人都需要培养强大的"数字辨识能力"，它包括批判性思维、信息验证技能、媒体素养等。在数字化程度不断加深的今天，提升数字素养和数字辨识能力，有助于人们更好地应对数字时代的挑战。

（2）构建"信任基础设施"。我们需要在技术层面上构建新的"信任基础设施"。这样的基础设施可能包括区块链技术的应用、内容溯源系统的建立、人工智能辅助的事实核查等。这些技术手段可以帮助我们在数字世界中重建信任机制。

（3）重塑社会契约。面对"真实性危机"，我们可能需要重新思考和定义社会契约。这包括对隐私权、言论自由、知情权等基本权利的重新界定，以及对平台责任、算法透明度等新兴问题建立规范。托马斯·库恩说："当范式转换时，世界本身也跟着改变了。"我们正处在一个范式转换的时代，需要用新的思维来构建新的社会秩序。

简而言之，要学会在不确定中生活。回到本节开头的徐先生和王明的故事，他们的经历只是"真实性危机"中的一个缩影。在这个真假难辨的世界里，我们每个人都有可能和他们有类似的遭遇。不过，我们并不是无能为力的。我们可以学习新的理论和技术，在不确定中寻找确定的部分，在虚幻中坚守真实。

走向不确定性：从稳定到流动的生存智慧

自古以来，稳定性渗透进了人类文明的每一个角落。在农耕时代，人们依赖着土地，依赖着季节轮转的规律。稳定不只是一种生存之道，也是一种精神信仰。一个人出生在哪个村落，就基本上被规定了一生的命运轨迹——继承祖辈的职业，过着循环往复的生活。那时，社会分工井然有序，等级制度森严，每个人都扮演着既定的角色。

从孩提时代起，生命就被刻板地铺陈开来。男子要继承父业，有既定的娶妻和赡养老人的责任；女子被期待着嫁人生子，侍奉长辈。一切如"白开水"般代代相传。这种生活模式虽略显单调，却被视为通往幸福和成功的必经之路。稳定性给了人们安全感和认同感，让人们的心灵如同被驯化的宠物，让人们安分守己。

然而，在工业文明拨开云雾后，曙光逐渐显现。机器的力量开始取代人力，人口开始流动，大都市应运而生。工厂召唤着一批又一批年轻人，他们离开土地，离开村庄，涌入城市这个崭新的空间。在这里，稳定性受到了冲击，人们开始尝试一些新的生活方式。工人阶级崛起，人人都可以凭借一技之长实现社会流动。选择的空间更大了，稳定性不再是唯一正确的人生追求。

时代的浪潮随着数字时代的来临而愈发汹涌澎湃。新事物层出不穷，信息流如雪崩般涌来。稳定性似乎变成了落后的象征，在这个不确定的时代，唯有积极拥抱变革与流动性，才能与时俱进。新一代职场人不再固守"从一而终"的工作理念，而是借助数字网络的连接便利性，追求职业选择的自主权与发展的多元可能。学生们也开始积极发展创造力和适应能力。

1. 从稳定性到流动性：林娜的故事

"80后"女生林娜就是这种变化的见证者。她出生在一个传统的小城市，生活的轨迹似乎早已被规划好：考大学、找一份稳定的工作、结婚生子，过上安稳的生活。然而，网络的兴起彻底改变了她的世界观。通过互联网，林娜接触到了不同的文化、思想和生活方式。她不再满足于一成不变的生活，开始利用数字工具探索自己的潜力。

林娜的转型是流动性的典型案例。她不再局限于单一的职业身份，而是通过网络同时扮演了多种角色：她是一位购物分享达人，通过社交媒体分享自己的好物购买经验；她也是一名自由设计师，帮助品牌设计标志和形象；她甚至还成了一名电商创业者，经营着自己的小店。对林娜来说，稳定不再是成功的唯一衡量标准，适应变化、拥抱流动才是真正通向自由的途径。

林娜的故事并非孤例，它是现代社会中普遍存在的现象。数字时代赋予了我们前所未有的自由与灵活性，生活不再是一条直线，而是一个错综复杂的网络，每个人都可以在这个网络中自由地穿梭。稳定性的价值在许多人的眼中逐渐被削弱，取而代之的是对变化的接纳和对不确定性的适应。

不妨想象一下，我们今天生活的世界就是一个广阔的舞台，每个人都在舞台上自由地转换角色。在这个充满变化的舞台上，流动性不再是一种偶然的现象，而是我们生存的核心智慧。我们不再期待自己一生只做一件事，相反，探索多种可能性成了我们的新目标。在流动的生活中，我们可以体验到更加多样化的成功定义，也可以找到多重身份的认同感。

2. 不确定性带来的新挑战与新机遇

当然，流动性带来了前所未有的自由，但它也伴随着挑战。在这个充满变数的世界中，许多人会感到迷茫和焦虑，难以适应不断变化的环境。职场环境不再如从前那般稳固，社交关系也变得碎片化。像林娜这样能积极拥抱变化的人并不多见，更多的人感受到的是流动性带来的不确定性和不安全感。

然而，这种不确定性也为我们打开了新的大门。流动性不仅挑战了传统的生活模式，而且为我们提供了前所未有的机会。我们可以通过技术手段突破地理限制，与全球范围内的资源和人才建立联系。通过网络，我们可以探索自己潜在的才能，追逐那些在稳定社会中难以实现的梦想。

3. 从稳定性信仰到流动性智慧的转变

数字时代带来的流动性，正在悄然重塑我们对生活的期待和规划。在农业社会中，稳定性曾是生存的保障和精神的支柱；而在今天的数字社会中，流动性则成了新的生存智慧和生存方式。

从某种角度看，流动性并非彻底抛弃了稳定性，而是为其注入了新的内涵。我们不再为了追求单一的稳定而限制自我的发展，而是通过在不确定性中寻找新的平衡，实现自己的成长与突破。在流动性中，我们学会了适应变化、发掘多重身份的可能性，并从中获得灵活的安全感。

所以，无论你是像林娜那样勇敢探索的先行者，还是仍在涌动的潮流中寻找自己方向的迷途者，都请记住，数字时代的流动性不是一种威胁，而是通往自我发现和自我成长的必经之路。在这个不确定的时代里，唯一确定的是，我们每个人都能通过不断的适应和改变，找到属于自己的位置。

第三章

网络连接的力量

　　在数字时代的浪潮中，网络已然成了一股无形的强大力量，重塑着我们的社会结构和生活方式。从去中心化的网络结构到点赞经济的兴起，从弱连接的潜在价值到网络传染这把双刃剑，我们将直面数字社会中最引人入胜也最具挑战性的议题。

　　随着每个人都逐渐成为数字空间中的一个节点，我们的身份、关系和影响力正在经历前所未有的重构。网红现象、算法推荐、信息茧房等新现象不只改变了我们获取信息和进行社交的方式，更深刻地影响着我们的认知和决策。让我们一起探索这些现象背后的机制，揭示数字连接如何重新定义信任、权力和社会资本。这不仅是对数字社会运行规则的洞察，更是对每个人如何在这个高度连接的世界中找到自己位置的指引。让我们一同探索这个由无数连接构成的数字宇宙，重新思考我们与他人、与世界的关系。

连接无界：网络如何改变我们的世界

在探索数字社会学的广阔天地时，我们不可避免地会碰到三个核心变量——时间、空间和网络。它们共同构成了我们理解网络空间的规则与运行秩序的基石。在本章中，我们聚焦于其中一个关键变量——网络。它不仅仅是一个技术概念，更是网络空间秩序的隐形纽带，影响着数字社会的运作与变革。

网络是一个看似简单却隐藏着无限可能的词汇。它用无数的线条和节点编织了一个复杂又神秘的世界，让观点、想法和感受在其中自由流动。网络的构建和运作，对网络空间的秩序产生着深远的影响。

网络通过多种方式影响网络空间的运作秩序。首先，网络改变了信息的流动方式。在传统社会中，信息的传递往往受限于物理空间和时间。而在数字社会中，信息能够以前所未有的速度在极大的范围内流动。网络为信息的传播提供了新的渠道和可能性。当一个重要的社会事件发生时，人们可以通过微信、微博等平台迅速传播信息，引发社会的关注和讨论。

其次，网络也改变了我们与空间和时间的关系。在网络空间中，传统的空间和时间边界变得模糊，我们可以随时随地与任何人建立联系。例如，远程办公的兴起让我们不再受限于传统的办公空间和时间，我们可以在任何地方、任何时间完成工作，这无疑为我们的生活和工作带来了极大的便利。

再如，网络购物的普及让我们不一定要走进实体商店，而是动动手指就能买到来自世界各地的商品。这种新的购物方式不仅为我们节省了时间和精力，也为商家和消费者建立了一种新的交易秩序。

最后，网络也影响了个体与社会的关系。在网络空间中，每个人都可以成为信息的生产者和传播者。我们可以通过网络表达自己的观点和想法，也可以与来自不同背景和文化的人建立联系。这种新的社交模式为我们的社交关系和个体认同带来了新的可能。

总之，网络的规则和机制为我们在网络空间中的交流和交易提供了基础，同时也塑造了数字社会的特征和风貌。我们需要思考的是，网络作为一个重要的变量，正在如何影响网络空间中的秩序和我们的日常生活。在当今世界，理解网络的规则和机制将帮助我们更好地适应和利用数字社会的资源，让我们创造出更加丰富多彩的生活。

从传统社会到数字社会：连接方式的六个变化

我们需要深刻探究传统社会和数字社会在连接角度上的对比，以及这种对比对我们的社交生活和社会理解的影响。数字社会的连接不仅为我们提供了前所未有的社交可能，也为我们理解和探索数字社会的运作规则提供了独特的视角。

在这个日新月异的世界里，如果说有一种行为能够无声无息地改变社会架构，那它一定是连接。从宗族聚居的村落到点对点的网络，连接不仅仅是人际关系的纽带，更是一个时代特征的映射。

在传统社会里，人与人之间的连接如同一根根精心织就的线，它们在现实的空间和时间中相互交织，组成了稳定而紧密的社会结构。随着网络的出现，这种连接呈现出了全新的面貌。它们不再仅仅是线，而变成了一个个独立又灵活的网，在虚拟的空间和时间中自由延展，构建出动态开放的数字社会。

1. 连接的数量：从有限到极多

回忆一下，在你爷爷奶奶的通讯录里，除了家人和几位老友，还有谁？而在数字社会中，连接的数量简直多到像咖啡馆中的饮品种类一样——如果你每天品尝一种，可能一个月都尝不完。

传统社会的连接数量有限，因为它受到空间和时间的限制。你可能只能和生活在同一个城市，甚至同一个社区的人建立联系。而在数字社会里，这种限制被打破了。你可以在微博上关注来自世界各地的人，也可以在微信上与高中时的老同学重新建立联系。数字社会的连接之多，如同星空中闪烁的繁星，为我们的社交生活增添了无限可能。

2. 连接的强度：从强连接走向弱连接

在传统社会中，我们的关系网大多基于血缘、地缘，这样的连接是强连接，像凝固在一起的水泥，坚固且不易改变。进入数字社会，弱连接的崛起则提供了更强的灵活性和多样性。领英上的职场熟人、抖音上点赞的陌生人，这些看似并不强的连接，往往能在关键时刻发挥意想不到的作用。

你可能会发现，一个在社交网络上仅有几次互动的网络好友，在你到对方所在的城市旅行时让你感到宾至如归，而这在传统社会中是难以想象的。

3. 连接的动态性：从稳定到动态

在传统社会中，我们的连接相对稳定、变化速度慢，将我们牢牢绑在固定的社交圈里，而数字社会的连接却充满了动态和变化。你可以随时关注新的人、加入新的群组，甚至创建自己的私域社群。数字社会的连接如同一阵阵波浪，在网络的海洋里自由翻滚，带给我们无尽的惊喜。

4. 连接的便捷性：从艰难跋涉到轻点鼠标

传统社会的连接建立起来很不容易，你可能需要经过一番周折，才能获得某个人的联系方式。而在数字社会里，连接变得前所未有地便捷。你只需要轻轻一点，就可以关注你喜欢的明星，或加入你感兴趣的社区。数字社会的连接如同一座桥梁，让我们能够轻松跨越时间和空间的障碍，尽享社交的乐趣。

5. 连接的权力：从中心化到去中心化

传统社会的连接宛如一棵巨树，根深蒂固，分支有序。它讲究一个"中心"——无论这个"中心"是家族中的长辈，还是村里的族长，甚至是城市中的权力中枢。而进入数字社会，连接的形态变成了一张巨网，每一个节点都有可能成为新的中心，连接的权力和影响力分散到了每一个人的手中。

想要传播一则新闻，在过去可能需要通过报纸或电视台这些中心化媒介。但现在，借助短视频平台、微博等，每个人都能成为信息的发布者和传播者。

6. 连接的映射：从平和走向极化

数字社会的连接中似乎有一面镜子，人们倾向于围绕相似的观点和信念聚集，形成所谓的"回音壁效应"，意见一旦形成就被无限放大，进而可能走向极化。而在传统社会中，多元观点更容易共存。

以社交媒体上的热点事件为例，一旦观点趋同的话语体系形成，不同体系之间往往会出现两极分化的态势；而在传统社会中，人们更倾向于面对面地沟通，这种直接的交流有助于理解和包容不同的声音。

总结一下，通过对比传统社会与数字社会的连接特征（见表 4-1），我们可以发现：

（1）连接数量的变化展示了数字社会的无限可能性——打破了地域限制。

（2）连接强度的转变强调了在数字时代，广泛的弱连接变得更为重要。

（3）连接的动态性表明数字社会鼓励对社交的快速适应，促进了连接的多样性。

（4）　连接的便捷性展示了技术如何降低社交成本、提升互动频率。

（5）　连接权力的去中心化特征使得每个人都有了发声的机会，改变了信息传播的格局。

（6）　连接的映射则揭示了在数字空间中，极端观点更容易形成与传播。

表 4-1　传统社会与数字社会的连接特征对比

连接特征	传统社会	数字社会
连接数量	有限，受空间和时间限制	极多，在全球范围内连接
连接强度	强连接（血缘、地缘）	弱连接（社交网络、瞬时互动）
连接动态性	稳定，变化缓慢	动态，随时可变，快速调整
连接便捷性	艰难，建立联系需要时间和努力	便捷，轻点鼠标即可连接
连接权力	中心化，权力集中在少数人手中	去中心化，人人皆可成为信息传播者
连接映射	多元观点共存，直接交流	意见"回音壁"，观点极化

　　传统社会与数字社会的连接方式在本质上具有明显差异，但它们并不是完全对立的。未来的社会或许会融合二者的优点，创造出一种新的连接模式，既保持传统的温度，又具备数字的灵活性。数字社会不是取代了传统社会，而是为我们提供了全新的视角和连接方式。

　　网络改变了连接的本质，它让世界更加紧密，也更加容易分裂。在这个由数据和算法织成的新社会中，我们需要的不只是连接，更是深度的沟通和同理心。要记住，每当我们在网络世界中建立一个新的连接时，我们都在参与塑造一种全新的社会秩序。这个世界因为有了你的连接而更加丰富多彩。

人成为数字空间的一个节点

让我们先从光明网报道的一个真实案例谈起。

1991 年 1 月，家住上海普陀区的孟飞，在出门回家后，发现母亲倒在血泊中，孩子与父亲也被打伤，而嫌疑人正是他的第二任妻子王俊。案发后，警方第一时间就对王俊展开了搜捕，但令他们惊讶的是，王俊在逃亡之前，竟然带走了自己所有的照片，没有留下任何明显的线索。

警方除了知道她叫王俊、是安徽人，没有其他线索。警方还赶赴王俊的老家进行寻找，却得知她并没有回去过，在老家也没留下任何照片。办案人员有心发布全国通缉令，却苦于没有照片，也没有她的身份证号，调查进展困难重重。

在之后的很多年里，上海民警始终没有放弃对王俊的搜捕。接手此案的警员换了一批又一批，终于，时间过去了快 30 年，案件迎来了重大转机。

重新接手此案的民警换了一个新的思路：30 多年前只有纸质档案，婚姻登记处也没有留下王俊的照片，但她想和丈夫结婚，就必须向民政局提交申请。或许在申请中，还留有一张照片。于是，民警兵分两路，分别去安徽和上海的档案馆翻找，耗费了大量的精力，最后真的在浩如烟海的档案中，找到了王俊一张泛黄的旧照。

王俊的兄弟姐妹都已经去世了，他们的子女对王俊并没有太深的印象。为了保持联系，民警留下了王俊大姐的女儿王英（化名）的联系方式。有一天，民警无意中点开王英的抖音主页，在她的粉丝列表里发现了一个人，这个人的头像所用的照片竟然和王俊有几分相似。

随后，在各方的协助下，上海警方敲开了王俊家的大门。原来，她早就把名字改成了"王静"，一直住在山东。

这个故事切切实实地展示了什么叫"网络空间中神奇的连接"。

每个人都是网络空间中的一个节点。不论相隔多远，你总会在网络上与一些人连接着——正如王俊在短视频平台上暴露了自己。

社会网络分析（Social Network Analysis）是用来揭示节点、网络结构之间的社会关系的分析方法。节点（Node）是网络中的个体参与者，连接（Tie）则是参与者之间的关系。节点之间可以有很多种连接。社会网络在很多个层面上运作（从家庭层面到国家层面），发挥着关键作用，决定问题如何得到解决、组织如何运行，还在某种程度上决定个人能否成功实现目标。社会网络分析方法对各个领域的研究都很有用，包括但不限于人类学、生物学、传播学、经济学、地理学、信息科学、组织研究、社会心理学、社会学等。

社会网络是一张地图，标示了所有与节点相关的连接。其中，节点是点状的，连接是线状的。

让我们再通过一个案例来理解人是如何成为网络空间中连接的节点的。

艾米是一个普通女孩，喜欢在周末做些面包。一天，她决定把自己拍摄的面包制作过程发到社交媒体上。这看似平常的举动，意外地引起了一场小小的"风暴"。

艾米做面包的照片被一个有影响力的美食博主转发了。突然间，她的小小账户成了热点，数以千计的面包爱好者开始关注她，请她分享食谱和烘焙技巧。艾米的面包帖子开始在网上疯传，她从一个普通女孩变成了小圈子社会网络中的重要节点。

艾米的故事告诉我们：在社会网络中，一个人之所以能成为重要节点，并不是因为他有多么显赫的地位，而是因为他做的事情能够触动别人的心弦。艾米的面包照片就像是在网络中扔进的一块小石头，激起了一圈又一圈涟漪。这些涟漪不仅仅影响了艾米的社交媒体账户，还扩展到了线上的烘焙社区，进而影响了现实世界中的面包店和烘焙爱好者。

在这个案例中，艾米成了一个节点，通过她，人与人之间的联系得以加强，信息和热情得以传播。她的影响力不在于她拥有多少粉丝，而在于她如何通过自己的热情和分享来影响他人。

这就是社会网络的力量。它不在乎你是谁，它在乎的是你做了什么、你如何与人连接。在数字社会中，每个人都可以成为一个节点，每个节点都有可能成为一个影响力中心。在网络上，每个人都有机会发出自己的声音，这个声音会成为连接世界的桥梁。

所以，当你下次在社交网络上分享你的日常时，不妨想想艾米和她的面包。也许你也可以成为连接世界的一个重要节点，也许你的一次小小的分享，就能引发一场新的"风暴"。记住，网络中的每个节点，都可能拥有改变世界的力量。

在这个日新月异的时代，网络不仅仅是我们获取信息和娱乐的平台，它还重塑了我们社交互动的方式。在传统的社交模式中，人与人之间的连接往往是线性和单一的，就像由一条直线连接的两个点。但是，在数字社会中，这种连接变得多元化和非线性化，组合成了错综复杂的网络。这不仅仅改变了我们与他人交流的方式，更拓展了我们的社交边界。

在这个数字社会中，每个人都在互动中不断改变着自己的位置和关系。我们可能不知道下一个转角会遇到谁、下一次点击会带来什么惊喜，但这正是数字社会学引人入胜的地方——每个人都是故事的主角，每个节点都可能成为新故事的起点。

　　在数字社会中，每个人都可以成为一个节点，通过不同的方式与他人建立联系，形成一个巨大的、动态的社交网络。我们的社交行为不再受限于物理空间和时间，而可以在虚拟的网络空间里自由展开。数字社会让我们的生活变得更加丰富多彩，也让我们的社交网络变得前所未有地广泛和深远。

网红现象：连接与信任的新定义

　　在我们探索数字社会学的旅程中，一个不可忽视的部分是网红文化及其背后的社会学意义。一个核心观点是：网红本质上是信任的代理者，他们在网络空间中的影响力是通过内容来塑造的。更重要的是，网红之所以拥有商业影响力，是因为他们代表了一群人，也会为这群人发声。

　　首先，让我们来拆解一下"网红"这个词。在字面上，它似乎是指那些在网络上拥有众多粉丝和很大关注量的人。但是，如果我们深入挖掘，会发现网红现象背后的本质其实是一种信任的转移。是的，你没看错，信任。在这个信息爆炸的时代，我们每天都会接触海量的信息，而我们选择关注和相信的，往往是那些能够触动我们内心、与我们的价值观共鸣的声音。无论是搞笑的短视频，还是深度的生活分享，网红通过对内容的创造，搭建起了与观众之间的信任桥梁。

　　那么，为什么说网红是信任的代理者呢？这是因为，在这个数字化的社会中，人与人之间的联系也变得更加数字化，我们很难像以前那样，通过面对面的交流来建立信任。于是，我们开始寻找那些能代表我们声音、表达我们情感的人。网红就是这样一群人，他们通过自己的努力和天赋，成了某个群体的"代言人"。他们的影响力，不仅仅来自他们创作的内容的吸引力，也来自他们能够代表的那群人的信任和支持。

　　但这种信任并不是凭空产生的，它是通过内容而得到塑造和维护的。每一条视频、每一篇博文、每一张照片，都是网红与粉丝建立联系的桥梁。这些内容不仅仅是一种展示，更是一种沟通、一种对话。网红通过内容传递自己的热情、价值观甚至是对世界的理解，与粉丝产生共鸣。这种共鸣，加深了粉丝的信任感，也加强了网红的影响力。

那么，网红的商业影响力又是如何形成的呢？在不少人眼中，网红可能只是一些依靠外貌或者技巧吸引眼球的人。但事实上，他们的商业价值并不是浮于表面的。更直接地说，因为网红代表了一群人，在替这群人发声，所以，当一个网红推荐一个产品或坚持一种观点时，他实际上是在为自己背后的群体发声。这些人出于对网红的信任，往往会采取实际行动——无论是购买产品，还是传播观点。这就是网红具有商业价值的根本原因。

在这个个性化至上的时代，品牌和企业正在寻找新的方式来接触消费者，而网红恰恰提供了这样的途径。通过与网红合作，品牌不只是在为广告付费，更是在吸引一个社群、塑造一种文化、推崇一种生活态度。网红为品牌带来的不仅仅是曝光量，还有信任和认同感。

但也有一个需要注意的点。信任是非常宝贵的，一旦失去就很难再次获得。因此，对网红来说，如何在商业合作和维持粉丝的信任之间找到平衡，是他们必须面对的挑战。一旦粉丝感觉到被利用或者欺骗，网红的影响力就会迅速下降。

在网络空间这个虚拟而复杂的生态系统中，网红现象提醒我们，无论技术如何进步，人类最基本的需求——对连接和信任的需求——始终是不变的。网红不仅是时代的产物，更是连接我们与这个数字世界的桥梁。在这座桥梁上，每个人都可以找到属于自己的声音和空间。

总的来说，网红现象的发展，是数字社会学的一个非常有趣也非常重要的关注点。它不仅影响着我们获取信息和娱乐的方式，而且重新定义了信任和影响力在数字时代的含义。

连接的艺术：精准标签与算法推荐的配合

在这个节奏加快的数字时代，短视频及使用算法推荐的各类平台已经成为我们生活中不可或缺的一部分。试想一下，当你滑动屏幕时，一则则精彩纷呈的短视频就如同一阵阵春风，吹拂着你的好奇心。这背后的"魔法"，是由标签连接和算法推荐共同施展的。可能你不禁要问：如何在标签的海洋中找到属于自己的那朵浪花？如何让算法成为自己在沟通中的强大助手？

1. 标签连接：打开通向目标受众的大门

标签在网络空间中扮演着至关重要的角色。它不仅是内容分类的标记，更是连接内容创作者与目标受众之间的桥梁。当你发布一则短视频时，如果忽略了标签的力量，就仿佛是努力在茫茫人海中做到默默无闻。而一旦你精准地使用了标签，那么，无论是兴趣相投的受众，还是潜在的客户，都会被这个看似不起眼、实则很强大的力量吸引过来。

想象一下，你发布了一则关于手工艺品的短视频，配以精心挑选的标签，如"#手工艺品""#创意手作""#艺术生活"，这些标签就像是夜空中闪烁的星星，吸引着同样对手工艺品充满热情的人。他们通过标签找到了你，而你的内容也因此找到了它的受众。这种基于共同兴趣的连接，正是标签最神奇的地方之一。

在创作出数字内容后，标签策略会直接影响视频的曝光机会和传播效果。准确的标签能够帮助算法将内容精准推送给目标受众，而不当的标签或缺失标签则可能导致优质内容被湮没在海量信息之中。因此，深入洞察目标群体的兴趣和需求，并据此优化自己所使用的标签和标题，已成为内容创作者与受众建立有效连接的关键策略。

2. 算法推荐：从幕后英雄到台前的主人公

在通过标签建立初步连接之后，算法推荐系统就像一只看不见的手，开始在幕后"操纵"着内容的命运。用户的每一次点击、停留、点赞，甚至是"不感兴趣"，算法都在默默地记录、学习，然后做出更加精准的推荐。它不是一个简单的数学模型，而是一个深度理解用户需求和喜好的智能系统。算法的这种能力，使得标签和标题成为内容收获大量关注的重要因素。

对内容创作者而言，理解并利用算法推荐的逻辑，就等于掌握了让内容被更多人看到的秘诀。记住，算法喜欢新鲜、有趣、能够让用户愿意互动的内容。所以，你在思考下一次发布什么内容时，不妨多从用户的角度出发，创造出既有深度又有趣味的内容。算法推荐系统会因此而"喜欢"你，给予你更多的曝光机会。

3. 连接的魅力：与算法共舞，在标签的世界中遨游

在这个由时间、空间和连接构成的网络空间中，标签和算法推荐不仅仅是一种工具，更是一门艺术。标签和标题决定了哪些声音能被听见、哪些观点能被看见。在这个由算法推荐系统主导的时代，内容创作者和企业负责人必须更加审慎地选择每一个词汇，因为这关系到他们能否在数字空间中找到适合自己的位置，以及他们如何影响社会的知识流动和文化建构方式。

他们需要的不只是创意和热情，还有对这个数字世界规则的理解和运用。在标签的海洋中找到方向，在算法的舞台上展现光芒——这是一个需要持续学习和适应的过程，其中充满了乐趣和惊喜。

数字时代的隐形机会：弱连接的魔力

想象一下，你的朋友圈里有个叫鲍勃的家伙。你们两个在高中时说过几句话，后来就再也没联系过。在你眼里，他的生活就像是社交媒体上的背景音，你偶尔能在朋友圈中看到他在喝哪种鲜榨啤酒，或者他的猫又学会了什么新把戏。这就是典型的弱连接，你和鲍勃的联系薄弱得几乎快要断了。

但是，在一个阳光明媚的周四下午，一条鲍勃发布的动态出现在了你的社交媒体信息流中：他的新科技创业公司正在招聘，而且职位和你的专业完美对口。你想了想，决定发个消息给鲍勃，结果，这个决定彻底改变了你的职业轨迹。

这就是弱连接的魔力。它像是网络中隐形的桥梁，将我们与那些我们认为与自己关系不大的人连接了起来。而在这个充满不确定性的网络时代，有时候，正是这些弱连接，比强连接更能为我们带来新的机会和惊喜。如图 4-1 所示，在两个主要由强连接维系的社交圈之间，是一条弱连接将它们联系了起来。

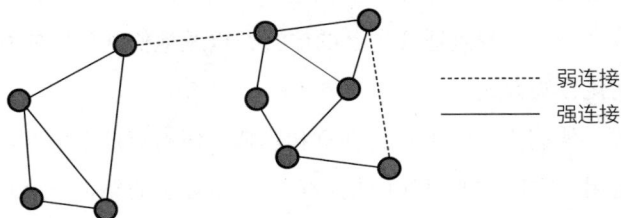

图 4-1　弱连接与强连接

段永鹏是个厨师，朋友圈满是同样喜欢把糖和面粉变成艺术品的小伙伴。但是，在某个不经意的周末，他在微博上关注了一个户外探险博主。这不是因为他突然开始对攀岩感兴趣，而是因为这个博主的一张在悬崖边的绝美自拍实在让他心动。

这就是一个典型的弱连接——段永鹏和那位探险博主没有共同的朋友，也没有共同的爱好，就连居住的城市都相隔千里。然而，这样一次看似微不足道的关注，可能会成为改变他人生轨迹的起点。

几个月后，这位探险博主发布了一条博文，说自己的团队正在寻找一位户外厨师，为即将出发的远征队做美食。段永鹏的心跳加速了——这不是机遇在敲门吗？于是他鼓起勇气，发送了自己的烘焙作品照片和他的简历。谁能想到，他的烘焙技能居然让一个完全不在他熟悉领域内的探险家团队动心？

就这样，一条微博上的弱连接，让他从烘焙坊的暖炉边，来到了遥远的山巅和冰川之上，为勇敢的探险者们做蛋糕。段永鹏开启了一段全新的人生故事。这就是弱连接的力量——它能够跨越日常生活的边界，为我们带来意想不到的机遇。

在社会网络理论中，弱连接被认为是社会资本的重要组成部分。它是我们获取新信息、新想法、新机会甚至是新工作的关键。想想看，与你亲近的朋友们大概都和你很像，大家都在相似的信息浪潮中漂流。但是，来自其他领域的弱连接就像一扇通往外部世界的小窗户，让你得以窥见那个完全不同的、充满可能性的世界。

社交网络的力量并不仅仅在于你有多少亲密的朋友，还在于你认识多少个像鲍勃一样的人。那些在你的社交网络外围的"鲍勃"，可能就是你获得下一个机会的关键。所以，别小看你的弱连接，也别忘了偶尔和这些人联系。在每个人都紧密相连的网络世界里，也许某个看似不起眼的在线点赞、评论或转发，就会为你打开一扇新的大门。

数字社会的弱连接就像生活中莫名其妙的缘分。你不会去一个不熟悉朋友的聚会，对方也不会读你的博客文章，但是，在某个意外的时刻，他可能会给你送来一张"彩票"——也许你会中奖，也许你不会中奖。重要的是，我们都参与了这场游戏。

有效利用弱连接：在平凡中找到非凡机会

小李是一个刚刚步入职场的年轻人，在找工作的过程中，他通过领英联系到了一位在心仪公司工作的校友。虽然他们之前从未见过面，甚至不曾在学校交谈过，但是，通过网络的连接，他们开始交流。校友为小李提供了很多宝贵的职场建议，甚至还将小李推荐给了公司的 HR。最终，小李得到了这份工作，并且开始在职场上逐渐展现自己的才华。

可以说，在当今的网络世界里，我们每个人都是生活的杂技艺人，而弱连接就像我们在走钢丝时握在手中的平衡杆。它可能不显眼，却至关重要。

1. 利用弱连接的艺术

弱连接的妙处在于它的隐蔽性和广泛性。它可以是那些在你的电话簿里默默无闻的号码，或是你的社交媒体上沉默的关注者。想要有效利用弱连接，你需要的不是大声呼喊或粗暴拉扯，而是轻声细语和温柔触摸。

想要扩展弱连接，可以进行跨界社交，尝试参加与你的专业不直接相关的各类活动。比如，如果你是一名程序员，你就可以偶尔去参加一场文学讲座。在那里建立的弱连接可能会为你打开一扇新世界的大门——也许是对新创意的启发，也许是未来的一次项目合作。

　　在社交媒体上，不是只有热门话题才值得参与。在那些小众话题下留言或分享，能让你触及那些不在你直接社交圈内的弱连接。这种低成本的参与，可能会为你带来意想不到的收获。

　　记住，主动伸手，每一次社交互动都是建立弱连接的机会。不论是线上的论坛，还是现实生活中的聚会，都不要害怕主动迈出第一步。一个简单的"你好"或是一句评论，可能就是一段新关系的开始。

　　大卫在一个业余摄影爱好者的论坛上，主动评论了一位只见名不见人的用户的作品。在几个回合的互动后，他们发现彼此在同一个领域工作。最终，这位神秘用户成了大卫在职业上的重要联系人。

2. 弱连接的日常维护与经营之道

　　第一，定期打招呼。一句简单的生日祝福或节日问候就可以保持联系的温度。不妨培养一个习惯，在每年的特定时刻——比如新年或中秋节——给那些久未联系的老同学、偶然认识的行业人士发一条温馨的问候信息。这种简单的举动能够在无形中加强你们之间的弱连接，也能为未来的互动打下基础。

　　在维护弱连接时，要记住坚持适度原则。过于频繁的联系可能会让对方感到厌烦。简单的节日问候或是偶尔分享一些有价值的信息，可以让你在对方的记忆中留有一席之地。

　　第二，分享有价值的信息。转发一份行业报告，或推荐一篇有趣的文章，这些都是让弱连接保持活跃的好方法。宋秋颖是一名营养师，她经常在个人社交媒体上分享健康饮食的小技巧。她的分享内容吸引了很多本来只与她保持弱连接的人的关注，其中的一些人后来成了她的客户。

　　第三，进行习惯性的社交互动。在社交媒体上点赞、评论，可以无压力地维持你和弱连接对象的互动。

第四，参加聚会和活动。不定期地参加各类社交活动，扩大你的弱连接网络。

在学习上，我一直强调社群学习的重要性。2005 年前后，我对品牌营销、新媒体非常感兴趣。为此，我定期参加行业聚会，积极在网络上与相关领域的从业者互动，慢慢地发现，自己对行业的理解越发深刻且多元。后来，我收到的许多交流分享会的邀请都来自那些平时联系很少的弱连接对象。正是这些弱连接，为我打开了一扇扇大门。所以我认为，每个职场人，或者想转行的人都应该积极参加行业峰会、社交聚会，这样做一定会给你带来不少启发和机遇。

简而言之，要深入挖掘弱连接在个人和职业生活中的力量。在弱连接的世界里，每一个微笑、每一句问候、每一次点赞都不是简单的社交动作，而是构建未来可能性的砖石。所以，请不要小看你通讯录里那些沉默的名字，也不要忽略你的社交网络中的"只言片语"。在生活的大海中，这些看似微不足道的弱连接，可能就是你通往成功的航标。

点赞、评论、转发：你的在线影响力是新货币

在这个飞速发展的数字时代，我们每个人都在不知不觉中成了自己社交网络的首席执行官。点赞、评论、转发——这些看似简单的在线行为，正悄然改变着我们积累和使用社会资本的方式。下面让我们一起深入探讨这个引人入胜的话题，看看我们如何在这个虚拟与现实交织的世界中用新的方式积累自己的社会资本。

1. 社会资本：数字时代的隐形力量

社会资本就像是一种看不见摸不着，却无处不在的能量场。它不是银行账户里的数字，而是存在于我们日常互动中的信任、互惠和信息流动。在数字化趋势出现之前，它主要通过面对面的交流和实地社交活动来传递。而现在，它已经悄然迁移到了我们的智能手机屏幕上，成为支撑我们社交网络的基础设施。[①]

举个例子。李明是一个刚毕业的大学生，在传统社会中，他可能需要参加无数次校友聚会，或者通过家族关系来建立自己的人际关系网络。但在今天，他通过运营一个关于职场经验分享的短视频账号，在短短半年内就积累了超过 50 万的粉丝量。这些粉丝不仅为他带来了可观的广告收入，更重要的是，其中不乏各行各业的精英人士。李明的社会资本，就这样在数字世界中快速积累并转化成了实际价值。

---

① 林南. 社会资本：关于社会结构与行动的理论 [M]. 张磊，译. 北京：社会科学文献出版社，2020.

2. 点赞的魔力：微小行为，巨大影响

在数字社交平台上，一个简单的点赞可能比想象中更有力量。它就像我们在茫茫人海中对某人微微点了一下头，传递着"我看到你了"的信息。这种看似微不足道的行为，实际上是社会资本在数字世界中流通的基本方式。

我的好友张教授就有一个有趣的经历。她在微博上随手转发了一篇关于教育创新的文章，并写下了自己的一些思考。让她惊讶的是，这条微博得到了教育厅一位领导的内部推荐。仅仅是这一次推荐，就为张教授打开了新的机会之门。随后，她收到了参与某国家级教育项目论坛的邀请。

这个例子生动地说明，在数字时代，社会资本的积累可能只需要一次鼠标点击或手指轻触。每一个点赞都有可能成为建立有价值联系的开端，而这种联系在未来可能会带来无法预估的回报。

3. 评论与对话：深度连接的催化剂

如果说点赞是社交媒体互动中的"点头"和"打招呼"，那么评论则是进行深度对话的邀请。一条经过深思熟虑的评论，不仅能展示你的洞察力，还能成为建立更深层次联系的桥梁。

我最近采访了一位名叫王芳的新锐设计师。她告诉我，她职业生涯的转折点来自她在一位海外知名设计师的帖子下写的一条评论。那条评论不仅表达了她对这位设计师的作品的欣赏，还提出了一个独特的设计改进建议。这引发了她与这位设计师之间的深入对话，最终为她带来了一次合作机会，极大地影响了她的职业轨迹。

王芳的故事提醒我们，在数字世界中，每一次互动都有可能成为建立有意义关系的契机。一条深思熟虑的评论可能会打开通往新机遇的大

门，这正是数字时代社会资本积累的魅力所在。

4. 转发的威力：信息传播与影响力扩散

在社交媒体的生态系统中，转发的行为像是给信息插上了翅膀。每一次转发不仅仅是在分享我们认同的内容，更是在扩展我们的影响力范围，同时，它也在强化我们与内容创作者之间的联系。

在数字时代，一次恰到好处的转发可能会引发一波社交媒体中的浪潮。它不仅能扩大信息的传播范围，而且能大大提升原创者与转发者的社会影响力。

5. 数字环境中的社会资本：机遇与挑战

数字化浪潮不仅改变了社会资本的积累方式，而且重塑了社交媒体中的价值体系。在这个新时代中，一个普通人通过社交媒体积累的影响力，可能会超越传统意义上的社会精英。这种变革带来了前所未有的机遇，但同时它也伴随着新的挑战。

以我的一位调研对象孙先生为例。他是一名普通的中学教师，通过在知乎上分享自己的教育心得，积累了数万粉丝。他的在线影响力不只为他带来了额外的收入，还让他获得了更多参与行业交流的机会。不过，维护这样的在线影响力的过程也给他带来了巨大的压力，他需要不断产出高质量的内容，同时还要应对网络上的各种质疑和批评。

孙先生的经历揭示了数字时代社会资本的两面性。一方面，它为普通人提供了展示才能、扩大影响力的平台；另一方面，它也带来了在持续创新和应对压力方面的挑战。

6. 从现在开始，积累你的数字社会资本

在这个信息高速流动的时代，每个人都有机会成为自己数字空间的

建筑师。无论是一个友善的点赞、一条富有洞见的评论，还是一次有意义的转发，都是在为你的社会资本账户存入宝贵的财富。

在数字时代，我们每个人都是自己社交网络的负责人。我们通过点赞、分享、评论等行为，积累着自己的社会资本。每个充满善意的回复、每条富有洞见的微博，都是在继续织网，让我们的社交网络更大、更密、更结实。

去中心化网络：更开放和更平等的新时代

想象一下，在一个巨大的蚂蚁王国中，没有一言九鼎的"蚁后"指挥大军，每只蚂蚁都在自己的小路上忙碌着，却神奇地维持着井然有序的状态。这就是去中心化网络的精髓——每个个体都是一个独立的中心，同时又相互连接在一起，共同构成一个强大的网络。

假设你是一名热爱旅行的背包客，你没有通过一个旅行社来安排自己的旅行计划，而选择了一些可以让旅行者相互讨论的在线平台。在这样的平台上，每个人都可以分享经验、提供住宿、交换技能。平台上没有中心化的管理机构，每个人都既是服务提供者也是服务消费者，相互支持，相互协助。

在去中心化网络中，信息和资源可以在用户之间自由流动，不需要经过一个集中的节点。这种网络的美妙之处在于它的开放性和平等性——每个人都可以是网络的一部分，同时也可以对网络产生影响。

去中心化网络的一个典型例子是以百度百科为代表的在线百科。想想看，这类规模极大的"百科全书"并没有一个专门的编辑团队来判断什么内容是对的、什么内容是错的。相反，它依赖于全球志愿者的集体智慧，由他们来编辑和更新内容。这就是去中心化的力量，集体的智慧和资源能够创造出令人难以置信的价值。

在微信公开课上，张小龙说，会坚持让微信做一个去中心化的平台："去中心化与其说是平台的策略，还不如说是一个观念，这个观念代表着我们去看待这个世界的方式。"张小龙是这么说的，微信也确实是这么做的。微信官方从来没有推荐过一个公众号，也从来没有推出过"小程序排行榜"。

不过，去中心化也不是没有问题的。没有中心，有时也就意味着没有明确的责任归属对象。比如，如果百度百科上的信息出现了错误，你很难找到一个具体的"责任编辑"来更正它。

在这个由去中心化网络连接而成的新时代，我们每个人都有机会用自己的力量影响整个网络。与此同时，我们也要学会在没有中心的世界中自行导航，这需要我们更加聪明、独立和有责任感。

在去中心化的世界里，每个人的声音都能被听见。在去中心化的数字社会中，每个人都有机会成为经济和社会的中坚力量。你的选择、你的声音和你的投票，比以往任何时候都更加重要。让我们期待在去中心化的网络世界中，每个人都能够拥有更多的权利和机会。

从点赞到极化：网络传染的深层影响

网络传染是指信息、情感或行为通过社交网络的多个节点快速传播的现象。一个著名的例子是 2014 年的"冰桶挑战"[①]，该活动最初是为了加深人们对渐冻症的认知，并筹集资金为患者进行治疗。这个简单的活动让参与者拍摄自己被一桶冰水浇淋的过程，然后将视频发布到社交媒体上，并邀请朋友们加入这个挑战。如果不接受挑战，参与者会被鼓励为渐冻症研究捐款。

冰桶挑战迅速在全球范围内传播开来，从普通用户到名人再到许多领域的领导者，短短几周内就有成千上万的人加入了挑战。冰桶挑战展示了社交媒体的强大连接能力，以及信息如何通过网络节点迅速传播。这个例子证明，网络的力量不仅在于内容本身的吸引力，而且在于每个人都可以成为信息的传播者和放大者。

冰桶挑战的飞速传播为渐冻症研究筹集了超过两亿美元的资金，这是网络传染积极作用的一个典型案例。然而，尽管像冰桶挑战这样的活动带来了全球性的社会正能量，但网络传染的另一面也开始显现：它会将个体用户困在自己熟悉的、封闭的信息圈中，形成所谓的"信息茧房"。

[①]　冰桶挑战（Ice Bucket Challenge）是一项在社交网络上发起的筹款活动，意在引起人们对肌萎缩侧索硬化症患者的关注。参与者要将一桶冰水从自己头上倒下，并将过程拍成视频上传至社交网络。

1. 信息茧房与过滤气泡：我们被困在自己的世界中

"信息茧房"这个词由学者凯斯·桑斯坦提出，用以形容人们在数字世界中倾向于选择与自己观点一致的信息，逐渐使自己陷入一个封闭的、舒适的信息环境的现象。简单来说，信息茧房就像你为自己织的一个茧，所有进入你视野的内容都是经过你自己或平台算法筛选过的，你无法轻易接触到与你观点相悖的内容。这种现象背后的推动力之一就是社交媒体平台的过滤气泡。

过滤气泡是指社交媒体平台通过复杂的算法，基于用户的喜好、浏览历史、点赞记录等，向用户推送与其兴趣和观点相一致的内容。这个过程看似在为用户提供个性化的服务，实际上却在剥夺他们接触多样化信息的机会。久而久之，用户被困在自己的信息茧房中，看到的都是自己认同的内容，而那些与自己意见相左的信息则会被自动屏蔽掉。

让我举一个具体的例子。张明是一名环保主义者，他在社交媒体上关注了大量与环保有关的账号，经常点赞和转发环保相关内容。随着时间的推移，他的信息流中几乎全是支持环保的声音，批评环保或持不同意见的声音几乎完全消失了。

这种情况导致张明对环保问题的看法变得越来越极端。他开始认为任何不支持极端环保措施的人都是"地球的敌人"。直到有一天，他参加了一个线下讨论会，才意识到环保问题远比他想象中复杂，人们有着许多不同的观点，各方也需要进行博弈和权衡。

张明的经历警示我们，过滤气泡虽然让我们能够更加便利地获取信息，但也可能使我们的思维变得日渐狭隘。

一项来自美国印第安纳大学布卢明顿分校的研究显示，通过社交媒体获取新闻资讯的用户比通过搜索引擎获取新闻资讯的用户接触到的信息源更加狭窄。社交媒体上的信息呈现出高度同质化的特征，使得用户陷入自我循环的信息流中。算法在帮助我们过滤冗余内容的同时，也正在削减我们接触多样化信息的机会。

2. 回音壁效应：在同样的声音中迷失

过滤气泡进一步引发了回音壁效应——当人们只听到与自己观点一致的声音时，他们的信念会变得更加坚定。想象一下，如果你在一个巨大而空旷的山谷中喊话，你所听到的就是你自己声音的回响。在网络空间中，回音壁效应意味着用户只与持相同观点的群体进行互动，而不同的声音被屏蔽在外，仿佛另一个世界的人无法理解自己。

我最近采访了一位名叫李华的社交媒体使用者，她的经历很能说明问题。李华是一名坚定的素食主义者，她加入了一个线上素食主义者社群。起初，她感到非常兴奋，因为她终于找到了一群志同道合的人。然而，随着时间推移，她发现社群内的讨论变得越来越偏激。有人开始攻击每一个吃肉的人，甚至提出要抵制所有非素食餐厅。

李华开始感到不安。她意识到，虽然她支持素食，但她并不认同这种极端的观点。然而，当她尝试表达不同意见时，却遭到了群友的集体反对和批评。这段经历让她意识到，回音壁效应不仅强化了群体的观点，而且有可能压制不同的声音，导致群体的思维越来越极端。

同样地，某些西方国家的社交媒体平台算法会根据用户的兴趣和点赞行为不断推送相关的政治内容。假设某人倾向于支持某个政党，平台就会源源不断地为他推送与该党派相关的新闻和评论。这会导致用户沉浸在与自己观点一致的内容中，逐渐丧失与持不同意见者对话的机会。久而久之，这种同质化的信息环境加剧了人们的认知偏见，使得他们越来越相信自己的立场是唯一正确的。这种信息分裂不仅加剧了不同政党支持者之间的对立情绪，也让其观点日益极端化，甚至有可能逐步走向网络群体极化。

3. 网络群体极化：数字社会的裂痕

当人们长时间暴露在同质化的信息中时，信息茧房和回音壁效应会进一步推动群体极化。群体极化是指一群持有相似观点的人在进行讨论时，彼此的观点会逐渐趋于极端化。例如，假设你和几个朋友在微信群中讨论某个敏感的社会议题，而这个群中的每个人都持有相似的立场。在不断的互动中，大家会互相强化彼此的观点，最终使得整个群体的意见变得更加极端。

社交平台不仅提供了信息传播的便捷途径，而且在无形中造成了不同群体之间的分歧。与其说极化是技术的副作用，不如说它是人类社会在数字化进程中不可避免的结果。在过去，面对面交流中的冲突可以通过体察彼此的情感、观察对方的表情等方式得到化解，而如今，在冷冰冰的屏幕背后，人们很容易忽略不同意见者的真实人性，转而将他们标签化、妖魔化。

4. 拒绝极化，重建多元对话

社会网络连接在一定程度上推动了网络传染、信息茧房、过滤气泡、回音壁效应和网络群体极化的产生和发展。这些现象不只是技术和算法发展的结果，更是现代社会结构和人的交往模式变化在网络空间中的反映。

作为数字社会的成员，每个人都可以成为推动多元对话的使者。通过与持不同意见的人展开理性讨论、倾听他们的想法，我们可以减少极化，建立起更包容的网络环境。在这个充满连接和分歧的数字时代，坚持健康的网络互动方式是我们的共同责任。

未来，不只有人的连接，也有物的连接

在当代社会，网络不只是人与人之间的桥梁，它还在层次上打破了传统的连接模式，将人与物，甚至物与物之间的关系重新构建起来。网络连接悄然改变着我们的日常生活，也为我们提供了洞悉数字社会的全新视角。

智能家居已逐渐融入现代人的生活。想象一下这样的场景：你在早晨离家上班后，只需要通过手机便能远程调节家中的温度；而当你即将到家时，空调会自动启动，为你营造舒适的室内环境。这种智能化体验的背后，运行着一个复杂的物联网系统：智能恒温器会根据你的手机提供的位置信息自动调节房间的温度，照明系统则与家庭安防设备默契配合，确保在你离家后及时关闭不必要的用电设备。

这不仅仅是简单的人机交互，更体现了物与物之间的智能协作。通过这种"无缝"连接，你的居住空间将根据你自己的习惯和需求不断得到优化和调整，实现真正的智能化定制。这样的技术革新，正在悄然改变着我们的生活方式。

在深圳，张先生家的智能家居系统展现了科技守护家庭的暖心一面。这套系统不仅能够根据家庭成员的生理指标和日常习惯自动调节居家环境，更能通过机器学习掌握每位家庭成员的作息规律。有一次，系统发现张先生的女儿连续几天睡眠质量下降，主动向张先生发出了提醒。经过沟通，张先生发现女儿正面临着很大的学业压力，于是及时给予了她关心和指导。这个例子展示了人与物的连接如何深入我们生活的方方面面，甚至在某种程度上成了我们生活的"守护者"。

1. 物与物的对话：从工厂到智慧城市

张先生的例子展示的只是人与物的连接。随着物联网的普及，物与物之间的"对话"已经成为现实。在工业 4.0 的工厂中，自动化生产线上的机器设备可以进行实时沟通。传感器监控着每台设备的运行状态，任何一处故障都会触发连锁反应，通知维修系统、调整生产流程，甚至重新分配任务。这是物与物之间的连接——机器不再是孤立的个体，它们基于网络的紧密合作，形成了高度定制化的生产环境。

在宁波港，一个全自动化的集装箱码头正在运行。这里的起重机、运输车、堆场等设备和场地全部通过 5G 网络实现互联互通。当一艘货轮靠岸时，岸桥会自动识别集装箱的位置和重量，并将信息传输给智能调度系统。系统随即规划最优路径，指挥无人运输车到达指定位置。在整个过程中，各种设备之间进行着复杂的"对话"，却不需要任何人工干预。这个例子生动地展示了物与物的连接如何彻底改变传统行业的运作模式，大大提高了效率，并降低了人为错误发生的可能性。

在工业场景之外，智慧城市的建设也得益于物与物的紧密连接。以交通系统为例，交通灯、汽车、摄像头、传感器，这些现代化设备独立地通过网络共同发挥作用。在早晚高峰时，导航系统会根据实时交通数据为司机规划最优路线，这些数据来自遍布城市各个角落的传感器。这种物与物的连接不仅能让交通更加高效便捷，而且能帮助城市规划者收集数据，为未来的基础设施建设提供参考。

杭州市的"城市大脑"项目就是一个典型的例子。这个系统通过整合交通、医疗、教育等各个领域的数据，实现了城市管理的智能化。例如，在交通管理方面，系统能够实时分析路况数据，动态调整信号灯配时，有效缓解交通拥堵。在一次重大交通事故发生时，"城市大脑"迅速分析了周边路况，为救护车规划了最佳路线，同时协调沿途的交通信号灯，大大缩短了救援时间。这个例子展示了数据连接如何在城市管理中发挥关键作用，让城市变得更加智能、高效。

共享单车是另一个绝佳的例子。它不仅是便利的出行工具，而且是数字网络的一部分。通过网络，单车、用户和城市管理系统实现了多维度的连接。用户通过手机解锁单车，行驶数据则会被实时上传至服务器，城市管理员可以分析这些数据，优化单车的分配及道路建设情况。更有趣的是，有些城市甚至会利用这些数据预测出行高峰，智能调节交通资源。

2. 数字社会中的多维度连接

通过以上的例子可以看出，网络的连接不仅仅局限于人与人之间的交互，而是正在重新定义人与物、物与物之间的关系。在这样一个多维度的数字空间中，每一个节点、每一条连接都有潜在的影响力。我们发布的一条社交媒体状态更新，可能会成为别人做出某个决策的参考；一个传感器的微小变化，也可能影响整条生产线的配合。

这就是数字社会学的研究核心之一。网络不再是传统的通信工具，而是一个庞大的、复杂的生态系统。每一条连接都是动态的、相互作用的，构建了一个多层次的数字空间。在这个空间中，人与物、物与物的连接不断发展，为我们的未来带来无限可能。

我们正生活在一个由网络连接的世界中，这个网络不仅仅是沟通的工具，更是一个复杂的、多维度的交互平台。通过理解这些连接，我们不仅能够更好地理解当前的社会动态，而且能够思考未来的数字社会发展方向。在这个世界中，不只有人与人的联系，也有人与物、物与物的全新对话。

第二部分

数字社会的动态秩序

第四章

技术驱动：
点燃数字社会的引擎

在这个被数字化风暴洗礼过的世界中，技术不仅仅是推动者，更是一个巧妙的舞者，引领着经济、社会和文化的狂欢。经济模式的变迁往往是在新技术出现之后才开始的，社会关系的重组是在技术提供了新的交流方式之后才发生的，文化的新浪潮也是随着技术的发展而被带动的。

尽管技术看起来是这一切变化的源头，但实际上它与经济、社会和文化是相互作用的。我们的需求推动了技术的发展，而技术的发展又进一步塑造了我们的需求。这就是 TESC 螺旋模型——一个非线性、动态、相互塑造的复杂交织网络的魅力所在。

技术变革与社会变迁：鸡和蛋的问题

在讨论技术的本章中，我们很有必要探讨技术发展与社会变迁之间的复杂关系。请试着回答一下：技术如何推动社会经济模式的转变，而这些变化如何反过来影响技术的发展方向？

这就像是鸡和蛋的问题：是技术发展改变了社会，还是社会变迁推动了技术发展？

想想工业革命。它不只是一场技术的革命，更是完全颠覆了当时的社会经济模式。从农业社会到工业社会的转变，就像是从手摇风扇升级到全自动空调一样，人们的生活舒适度和工作效率翻了不止一倍。突然之间，生产力激增，城市化进程加速，社会结构和人们的生活方式发生了根本性的变化。这一切的一切，都离不开蒸汽机的发明和应用。

19 世纪末，电灯的发明彻底改变了人类的生活节奏。工厂可以夜以继日地运转，办公节奏不再受限于日光的消失，人们的活动时间被大幅度延长。这不仅仅是一项技术的突破，更是文化和社会结构的一次大变革。商业的面貌因此改写，夜间经济的兴起成为可能，而这一切，都始于一个灵光一现的创意。

20 世纪 90 年代，大多数人还在使用拨号上网，那时的互联网就像一条流速缓慢的小溪。而今天，我们生活在一条信息高速公路上，5G 和光纤网络的速度快得让人难以想象。这一变迁不仅仅改变了我们获取信息的方式，更深刻地影响了我们的工作、交流乃至生活的方方面面。

工业革命时期，机器的普及造成大量手工艺人失业，而如今数字时

代的发展也给传统行业带来了冲击。实体店铺面临电商的竞争，出版业
受到电子书的冲击，影视行业也因网络平台的崛起而开始调整方向。个
体和社会都需要去适应这些变化、学习新的技能，以在变革的浪潮中生
存下去。

　　而技术与社会的相互作用并不是单向的。当社会经济模式发生转变
时，它也会以一种强有力的方式推动技术的发展。以电子商务为例，随
着消费者购物习惯的改变，亚马逊和阿里巴巴等电商巨头开始发展壮
大，它们又进一步推动了移动支付技术的发展。从实体店到网上商城，
从现金支付到扫码支付，我们的每一次购物习惯的变迁，都是技术与社
会需求相互促进的结果。

　　再想想社交媒体的兴起。它不只是技术发展的产物，也是人类社交
需求的自然延伸。微信、抖音这些平台的出现，让人们的交流方式发生
了翻天覆地的变化。我们开始在这些平台上分享生活点滴、发表意见，
甚至组织社群活动。社交媒体不仅改变了我们与他人交往的方式，而且
在一定程度上重塑了我们的世界观。

　　在这样一个相互作用的过程中，我们可以看到，技术不是孤立发展
的，而是在与社会需求的不断对话中进步的。每一次技术的革新，都在
向我们展示一个全新的、充满无限可能的世界。

　　而我们，作为这个数字社会的一员，也在不断地通过我们的需求和
我们创造的价值来影响这个世界的走向。我们的选择、我们的声音，都
在告诉技术应该往哪个方向发展。这也是数字社会学的魅力所在——它
揭示了技术与社会之间复杂又奇妙的互动关系。

从功能导向出发的新技术

一项新技术在诞生之初，总是带着一种原始的力量，而在后续的发展过程中会奔向功能的极致化。每一次技术革命，都仿佛是人类智慧在历史长河中举办的一场盛大庆典。人们发明这些技术的最初目的往往是单纯的，甚至可以说是朴素的：解决眼前的具体问题。然而，我们在回望历史时会发现，那些在功能导向的推动下诞生的新技术，最终往往会在不知不觉中重塑社会的结构，改变人们的生活方式。

1. 从蒸汽机到电力革命

在 18 世纪，蒸汽机的大规模应用无疑为工业革命的发展起了推波助澜的作用。詹姆斯·瓦特改良了蒸汽机，使其能够广泛应用于矿山、工厂和交通运输。这项技术最初的应用目的是解决当时劳动力短缺和生产效率低下的问题。然而，蒸汽机带来的影响远不止于此。它使工厂开始集中、城市化进程加速、社会阶层发生巨变——工人阶级的崛起和资本主义的发展，都是蒸汽机间接推动的结果。

紧接着的电力革命，同样是为了提高生产效率和生活质量而出现的。托马斯·爱迪生发明了实用的电灯泡，尼古拉·特斯拉等人开发了交流电系统，这些技术突破使电力能够被大规模应用于工业和家庭。电力的普及不仅提高了生产力，而且改变了人们的生活方式，夜生活的出现、家务劳动的减少、信息传播的加速，都是电力革命带来的深远影响。

2. 计算机与互联网的崛起

进入 20 世纪，计算机的诞生再次改变了人类社会。最初的计算机是为了军事和科学计算而设计的，旨在解决复杂的数学问题。第二次世界大战期间，艾伦·图灵设计了图灵机，用以破解德军的恩尼格玛密码，它是计算机发展史上的重要里程碑。后来，随着技术的发展，计算机逐渐进入商业和民用领域。个人电脑的出现，使普通家庭和企业也能从其快速的信息处理能力中获益，互联网的崛起更是将全球联系在一起，信息传播的速度和广度达到了前所未有的程度。

互联网诞生之初，其设计目标是实现信息共享和便捷通信。然而，这项革命性技术所带来的社会变革，大概远远超出了创始者的预期。互联网不仅开启了人类历史上崭新的信息时代，而且从根本上重塑了现代社会的运行方式。

3. 人工智能：功能导向与社会变革的交汇点

进入 21 世纪，人工智能的快速发展再次将技术革新的阶梯推向新的高度。人工智能的初衷是通过模拟人类智能，解决复杂的计算和分析问题，从而提高工作效率和决策质量。无论是医疗诊断中的人工智能辅助系统，还是金融领域的智能风控模型，人工智能在各行各业的应用都展现出了它强大的功能性。

然而，人工智能的影响并不仅限于技术层面。人工智能正在深刻改变社会的方方面面。自动驾驶技术的进步将有望减少交通事故和能源消耗，但它也引发了人们对就业岗位减少的担忧；人工智能在医疗领域的应用虽然提高了诊断的准确性，但也引发了对隐私和伦理问题的讨论；甚至在艺术和创意领域，人工智能创作的音乐、绘画和文学作品，也开始挑战人类对创意和灵感的传统认知。

4. 技术与社会的共生

从历史经验来看，人们发明新技术的原始目的总是功能导向的，但随着技术的成熟，它往往会引发深刻的社会变化。人工智能技术的发展就正在经历这样的过程。我们需要意识到，技术的功能性只是它的一个方面，而技术对社会的深远影响则是它更为重要的另一个方面。随着人工智能技术的进一步发展，我们将面临更多的社会问题和挑战。如何在享受技术带来的便利和效率的同时，解决它引发的社会问题，将是我们这一代人必须面对的重大课题。只有在技术发展和社会问题解决之间找到平衡点，才能实现真正的科技进步。

回顾历史，我们可以看到，技术的每一次飞跃，都源于人类对更美好生活的不懈追求。

技术方向：时间被优化，空间被扩展，连接被强化

与所有的未来展望一样，科技的发展带有一份不确定性。毕竟，没有人能准确预见未来。但有一点可以肯定，技术的发展趋势将不断推动我们向时间优化、空间扩展和连接强化的世界迈进。

首先，我们来谈谈时间。人工智能可能正在改变我们对时间的认识和体验。以前，我们分析一堆数据可能要花上几周的时间，现在，借助人工智能的力量，分析这些数据可能只需要几秒钟。人工智能可以通过算法在瞬间预测股市的走势，或者在你打字的时候预测你接下来要说什么。它的力量可以让我们的时间变得更有价值。你的人工智能助手能记住你每一次的购物习惯，并在你最需要某些商品时为你把它们准备好。时间管理不再是一项困扰你的任务，因为你的人工智能助手可以把未来几周的生活安排得井井有条。

再来看看空间。未来的技术将把我们从现实的束缚中解放出来。虚拟现实和增强现实技术将成为我们的通行证，让我们能够瞬间踏足任何想去的地方——无论是火星的表面，还是古埃及的金字塔。而那时的你，坐在家里的沙发上，头戴智能设备，就能和远在他乡的朋友一起登顶珠穆朗玛峰。

物联网也是新形态连接的完美例证。想象一下，你的家成了一个智能生态系统，每一件物品都能与其他物品沟通。你的咖啡机告诉你的冰

箱，咖啡豆快用完了，冰箱立马下单。你的车告诉你的手表，车内油量不足，手表就提醒你顺路加油。我们正在进入一个万物互联的世界，每个设备都是网络中的一个节点，合力为我们创造出更加高效、更加个性化的生活体验。

在以上这些例子中，大数据就是这一切的"燃料"。每一次点击、每一次滑动、每一次呼吸（好吧，也许还不至于到呼吸），都在产生新的数据。在人工智能的帮助下，这些数据可以转化为洞察力，帮助我们做出更明智的决策。

把以上各类技术结合起来，我们不仅可以看到一个全新的数字社会的轮廓，而且可以看到一种全新的生活方式。我们会见证一个时间被优化、空间被扩展、连接被强化的新社会，一个每个人都能更自由地选择自己生活方式的世界（见表 5-1）。我们不仅是技术的使用者，而且是它的同行者，与它一起在这个由代码、算法和无线信号编织出来的世界中探险。

表 5-1　技术发展带来的新变化

	时间被优化	空间被扩展	连接被强化
定义	通过技术手段提升时间使用效率	利用技术打破物理空间的限制	通过网络和物联网增强人与人、人与物的连接
实现方式	人工智能、自动化工具、虚拟现实会议等	虚拟现实、增强现实、区块链等	物联网、区块链、去中心化平台
用户体验	时间管理更加高效，减少烦琐流程	灵活的体验，可以随时随地进入虚拟空间	无缝沟通，快速交易，消除中介
社会影响	改变工作和生活方式，提高生产力	重新定义人们对空间的感知与使用方式	打破传统中介模式，增强透明度和信任度

	时间被优化	空间被扩展	连接被强化
数据驱动	大数据与人工智能优化决策和时间分配	数字艺术品、虚拟空间的确权与交易	实时数据交换，提升互动体验
未来展望	时间灵活性增强，个体自主性提升	空间的虚拟与现实融合，创造新的社交体验	连接方式更人性化，强化共同体之感与合作精神

　　科技的未来不只关乎更快、更高、更强，它还关乎如何更贴心、更人性化、更有情怀。未来的科技，是要让人们的心更近，而不是更远。

　　我们将体验在虚拟和现实之间无缝切换的生活方式，培养在不同的时间和空间维度自如穿梭的能力，并习惯一种全新的连接方式，它将连接人、机器和环境。这些都不是空想，而是正在慢慢成形的趋势。未来的技术也将继续围绕着解决问题、提高效率和改善我们的生活质量这三个方面发展。我们可以肯定的是，未来的世界将是一个时间更加有弹性、空间更加多元、连接更加紧密的世界。而我们每一个人，都是这场变革的见证者和参与者。我们会发现，科技变革的最终成果，其实还是会回归最本质的人性需求——追求幸福感和满足感。

空间计算，现实世界和数字世界合二为一

"想象力比知识更为重要，因为知识是有限的，而想象力包含整个世界。"

在这个数字化的时代，爱因斯坦的这句话似乎有了全新的含义。让我们来看一看一项正在悄然改变我们生活的革命性技术——空间计算。它不仅仅是一项技术，更会重塑我们与世界的互动方式。

1. 空间计算：现实与虚拟的完美共舞

想象一下，你正坐在自家的客厅里。突然，整个客厅开始发生变化。墙壁上浮现出生动的画作，天花板变成了星空，而在你的咖啡桌上，一个栩栩如生的恐龙模型正在漫步。这不是什么魔法，而是空间计算的"魔力"。

你可以把空间计算想象成一个神奇的调和剂，它可以将我们熟悉的物理世界与充满无限可能的数字世界完美融合。它并不会创造一个全新的虚拟世界，而会为我们现有的世界增添丰富多彩的数字图层。

知名数字科技专家凯西·哈克尔曾在《哈佛商业评论》中这样描述空间计算："它就像是给我们的现实世界戴上了一副魔法眼镜。通过这副眼镜，我们不仅能看到实物，还能看到与之相关的所有数字信息。这不仅改变了我们与周围环境的互动方式，也彻底革新了我们与机器交流的方式。"

2. 从屏幕的牢笼中解放

让我们回顾一下人类与计算机交互的历史。最初，我们通过笨重的

主机和键盘与计算机对话。然后，个人电脑的出现让我们有了更多的自主权。智能手机的普及更是让我们可以随时随地与数字世界连接。但是，无论是使用电脑还是手机，我们始终被一个小小的屏幕限制着。

空间计算的出现，能够把数字世界从屏幕中解放出来，与我们的现实世界进行融合。它不再局限于一个小小的方框之中，而是无处不在。

3. 重塑我们的空间思维

人类天生就是空间生物。我们的祖先通过观察星空来为自己导航，通过开垦土地来进行耕种。然而，随着科技的发展，我们逐渐被限制在平面的屏幕中，在一定程度上忽略了对三维空间的感知。

空间计算正在帮助我们重新找回这种空间感知，它让我们能够以更自然、更直观的方式与信息交互。就像一位科技评论家所说的那样："空间计算不是让我们适应计算机，而是让计算机适应我们的日常行为。"

例如，在一个空间计算环境中，你可以用手势来操控虚拟对象，就像在现实世界中一样。你可以"抓取"一个虚拟的地球仪，用手指旋转它，放大某个地区，甚至"走进"视图中的街道。这种交互方式不仅更加自然，而且更能激发我们的创造力和想象力。

4. 空间计算的"魔法画布"

空间计算给了我们一块"魔法画布"。在这块画布上，我们可以自由地创造、探索和互动。想象一下，一个建筑师正在设计一座新建筑。通过空间计算，他可以在真实的建筑工地上看到未来建筑的 3D 模型。他可以走进这个虚拟的建筑，调整其中的每一处细节，甚至模拟不同时间段的光照效果。这不仅能提高设计的效率，而且能大大减少后期修改的成本。

或者，想象一个外科医生正在进行一场复杂手术的场景。通过空间计算，他可以看到病人体内器官的 3D 图像悬浮在手术台上。他可以旋转、放大这些图像，甚至模拟手术过程，从而做出最合适的手术计划。

5. 空间计算：重塑商业的新引擎

空间计算不只是一项酷炫的技术，它正在成为推动商业创新的新引擎。从零售业到制造业、从教育业到娱乐业，空间计算正在重塑各个行业的未来。

在零售业，空间计算可以创造出全新的购物体验。如果你走进一家服装店，通过增强现实技术，你可以立即看到每件衣服穿在你身上的效果，而不需要实际试穿。你甚至可以虚拟地改变衣服的颜色和款式，找到最适合你的搭配。

在制造业，空间计算正在为生产过程带来变革。工人们可以通过增强现实眼镜看到装配指南，大大提高工作效率和准确性；工程师们可以在虚拟环境中测试和优化产品设计，节省大量的时间和成本。

正如一位科技企业家所言："空间计算不仅仅改变了我们的工作方式，它正在重新定义什么是可能的。它让我们能够以前所未有的方式解决问题、创造价值。"

空间计算正在开启一个新的时代，一个现实与虚拟完美融合的时代。在这个时代，我们不再被局限在小小的屏幕中，而可以在整个世界中自由地与信息互动。

最后，我想说的是：空间计算不仅仅是一项技术，更是一种新的世界观。它让我们重新思考什么是真实、什么是可能。

生成式人工智能：重塑数字社会的新力量

人工智能大模型的应用不只与技术的飞跃有关，也与我们如何重新定义和人工智能的互动有关。首先，让我们忘掉传统的对人工智能大模型的看法。大多数人可能认为人工智能大模型只是一个智能问答机器，用来解答问题或提供信息。但实际上，人工智能大模型的应用远远超出了这些基本功能的范畴。想象一下，人工智能大模型可以成为你的艺术创作伙伴，帮你写出一首诗，甚至构思一个电影剧本。

人工智能大模型还能成为你的私人教练。当你面对编程难题时，它可以帮助你找出错误，并优化代码。这种实用性远远超出了一般人对聊天机器人的预期。如果你还想评估自己是否真正搞明白了问题出现的原因，那么人工智能大模型还能给你出题，甚至在代码中放入错误程序，让你找出来。

人工智能大模型在心理健康领域也得到了应用。它可以进行模拟心理咨询，为有需要的人提供情感支持。在你感到孤独或困惑时，这个基于人工智能的系统也可以为你提供安慰和建议。这不仅是技术的突破，更是人工智能在情感理解方面的一大进步。

你可以期待着人工智能大模型改变我们的生活和工作方式。人工智能大模型不只是一个问答工具，更是一个潜力无限的伙伴，可以在多个领域发挥其独特的作用。所以，不要只停留在技术的表面，而要深入挖掘人工智能大模型的更多潜力，让它成为你生活和工作中的得力助手。

1. 人工智能时代，获取信息的方式不同，人生就不同

人工智能大模型提供的信息是怎样产生的？它基于统计学模型，通过分析巨量的数据，来生成回答和我们需要的内容。这种方式产生的信息是"二手信息"，因为它是在对已有信息进行加工和整合。这一点对用户来说是一把双刃剑。一方面，二手信息能够迅速提供综合性的答案，极大地方便了那些不愿亲自到处收集信息的用户；另一方面，因为信息是经过加工整合的，所以其中可能掺杂着各种不准确或有偏差的元素。这种情况在实际应用中并不少见。比如，在回答有关健康或医疗的问题时，人工智能大模型可能会提供基于旧的或未经验证的研究的建议，而这些信息有可能误导提问者。

对大多数网络用户来说，他们可能并不太在意这些细节。这些用户通常不愿意深入挖掘信息的源头，在他们眼中，人工智能大模型提供的快捷、概括性的答案已经足够。但是，这并不意味着所有人都对此满意。还有一部分用户，他们对信息的真实性和深度有着更高的要求。这些用户倾向于进行深入的探索，运用批判性思维去质疑和验证信息的准确性。对他们来说，传统的网络搜索引擎（如百度）提供的那种直接链接到原始信息源的功能是无可替代的。

从长远来看，人工智能大模型及类似技术对搜索引擎市场的影响是巨大的。它正在改变人们获取和处理信息的方式。事实上，大多数人更愿意被动地接收信息，而不是主动地去寻找和验证信息。在这种情况下，人工智能大模型这种工具的便利性和效率就显得尤为重要。但这同时也引发了一个重要的社会学问题：这种便捷是否会导致人们在信息获取上的惰性，甚至可能影响其批判性思维能力？过分依赖二手信息源会限制我们的视野，使我们容易接受不完整或有偏见的信息。因此，作为信息消费者，我们需要培养批判性思维，学会区分和评估不同类型的信息源。

人工智能大模型这样的工具在为用户提供便利的同时，也带来了信息质量和用户习惯的深刻变化。这些技术变化背后的社会学意义，以及它们对我们的信息消费习惯、知识获取方式，乃至整个社会结构的长远影响，都是值得深入研究和探讨的。

2. 人工智能时代更需要批判性思维与信息辨别能力

我们不仅要探讨技术本身，还要关注它对普通人生活的实际影响。人工智能大模型作为一种新兴的人工智能工具，对互联网内容的创造和消费方式产生了深远的影响。一个普通人如何在这样的变化中找到自己的位置，是一个值得深思的问题。

人工智能大模型的出现可以在整体上提高互联网上文章的质量，使其内容更加通顺、逻辑性更强。然而，这也带来了一个挑战：随着越来越多的创作者开始依赖这类工具来生产内容，专业而优秀的原创内容可能会被大量的人工智能生成内容所淹没。这就好比，过去人们雇"枪手"写文章，现在则转向用人工智能工具来"代笔"。

这种变化对普通读者来说意味着什么呢？首先，它要求我们更加精准地辨别信息的质量。在一个充斥着人工智能生成内容的世界里，能否快速识别出那些真正有深度、有营养的知识，是非常关键的。否则，我们很可能会被那些表面光鲜、实则浅薄的内容所迷惑，从而错失了真正有价值的知识。

其次，普通人不应该抱有"一夜暴富"的幻想，即通过迅速抓住人工智能大模型这样的风口在短期内取得巨大成功。相反，我们应该着重关注如何让自己免受这种技术带来的负面影响。这意味着，我们需要培养自己的批判性思维，学会在众多信息中甄别真伪，找到那些真正有价值、有深度的内容。

　　通过理解人工智能大模型的潜力和局限性，我们可以更好地适应这个不断变化的网络世界，保护自己免受信息污染的影响，同时充分利用这类新技术，为自己的成长和发展提供动力。

责任心和孝心的平衡：家庭养老的新选择

让我们从一通半夜的紧急电话说起。午夜时分，王阿姨的手机铃声突然响起。电话那头是她那 80 岁的独居母亲的智能手表发出的警报。设备自动检测到老人出现了心律不齐，并立刻通知了家属和附近的医疗机构。半小时后，急救人员已经到达了老人的家中，为她处理突发的心脏病状况。王阿姨松了一口气，庆幸母亲佩戴了智能设备。这并不是科幻小说中的场景，而是已经渗透到现实生活中的"智慧养老"技术的一角。

随着全球人口老龄化加速，如何为日益增多的老年人提供高效、可靠的养老服务，已成为社会中的绝大多数家庭亟须解决的难题。根据联合国的预测，到 2050 年，老年人口将占全球总人口的 21%。人们的寿命延长带来的并非全是好消息：慢性病、行动不便、认知功能下降等问题可能会随之而来。养老服务的需求急剧上升，而护理人员的数量、医疗资源的配置，以及家庭照护的能力却无法与之匹配。

我读到过这样一句话："技术既是产生问题的原因，也是解决问题的方法。"在应对人口老龄化的挑战时，数字技术扮演着越来越重要的角色。

1. 智能设备：从健康监测到紧急响应的全方位护航

随着物联网和人工智能技术的普及，智能手表、监测仪器，甚至智能家居系统可以实时追踪老年人的心率、血糖、血压等身体指标。当数据出现异常时，这些设备会立即发出警报，通知亲属或医疗服务提供者。科技的伟大不在于它有多复杂，而在于它能将关爱细致入微地编织进我们的日常生活。

以智能床垫为例，它可以通过内置的传感器，监测老年人在睡眠中的呼吸频率和心跳状况。通过分析数据，床垫能够预测老年人可能出现的健康风险，及时提示家属或护理人员。此外，某些智能摄像头不仅仅是监控设备，还具备跌倒检测功能。一旦老年人在家中发生意外，它们能够立即联络紧急救援队伍。

这种实时、动态的健康监测，打破了以往老年人需要定期前往医院进行检查的模式，降低了意外发生的风险，同时也减轻了老年人及其家庭的心理负担。

2. 远程医疗与智能家居：让"健康"成为一项常规服务

如果说智能设备是"智慧养老"的基石，那么远程医疗则是其进阶形态。在过去的几年中，远程医疗平台如雨后春笋般兴起。借助这些平台，老年人足不出户便可以向医生在线咨询，甚至接受定制化的治疗方案。未来，通过老年人佩戴的智能设备上传的数据，医生可以在数千公里之外为其调整用药剂量，或提出饮食和运动建议。

更令人惊叹的是，结合智能家居系统，老年人日常生活的安全性和便利性也能得到极大的提升。例如：智能冰箱能够提醒他们哪些食物即将过期；语音助手可以为他们设置服药提醒；智能灯光系统可以根据他们的夜间活动情况自动调节灯光亮度，防止其跌倒。智能家居让老年人的家不仅是他们的居所，更是一座对他们进行 24 小时守护的健康堡垒。技术不再只是冷冰冰的机器，还是一个隐形的守护者，守护着老年人的尊严与安全感。

3. 新趋势：数字孪生技术与个性化健康管理

在未来，我们将看到更加精细化、个性化的健康管理服务——数字孪生（Digital Twin）技术。这项技术将老年人的身体状态以虚拟模型的形式实时呈现在数据平台上。通过各种传感器，老年人每日的活动量、身体各项指标、心理状态等数据可以被汇总并建模。医疗专家和智能算法能够根据这些数据提前预测其健康风险、制定个性化的护理方案，甚至在疾病症状出现之前采取预防措施。在数字时代，保障健康不再只是医生和护理人员的工作，而是一场由数据引领的精确预防战。

4. "智慧养老"对家庭与社会的影响

"智慧养老"不仅改变了老年人的生活，也正在重塑整个社会的养老模式。它让居家养老变得更加可行，也减轻了养老机构的压力。我们可以将这种趋势称为"去机构化养老"。

对年轻一代来说，"智慧养老"减轻了他们的照护压力，让他们能够在工作的责任心和对老人的孝心之间找到平衡。这不仅有利于提高社会生产力，也有助于改善家庭关系。

从经济角度来看，"智慧养老"正在催生一个全新的产业。从硬件设备到软件服务，从医疗保健到日常照护，"智慧养老产业链"正在快速形成。这不仅能创造大量就业机会，也能为经济增长注入新的动力。

5. 数字社会的养老方式是有温度的

"智慧养老"的蓝图已经展开，而目前我们看到的只是开端。随着技术的不断进步，我们有理由相信，未来的养老服务将更加智能化、个性化和人性化。老年人不仅能享受到更高质量的护理服务，而且能在生命的后期阶段保持尊严与自我独立性。

在数字社会的支持下，养老不再是一个让人感到有负担的词汇，而可以成为一个充满科技温度与人性关怀的愿景。

网络暴力与技术操控舆论：重建数字空间的正义之声

李梅从未想过，自己会成为网络暴力的受害者。作为一名普通的中学教师，有一天，她只是在社交媒体上分享了自己对于使用国产手机的看法。然而，短短几小时后，她的生活就被彻底改变了。

她的个人信息被曝光，恶意评论如潮水般涌来。有人指责她不懂教育，有人攻击她的外貌，甚至有人威胁说要伤害她的家人。李梅惊恐地看着手机屏幕，不明白事情怎么会发展到这种地步。

更让她困惑的是，许多攻击她的账号看起来都很可疑——它们似乎都是在同一时间创建的，发布的内容也几乎一模一样。这是一场有组织的网络暴力行动，还是某种更大规模的技术性舆论操控？

李梅的遭遇并非孤例。在当今的数字世界中，网络暴力、虚假新闻和技术操控舆论已经成为许多人挥之不去的阴影。我们不禁要问：在这个人人都有麦克风的时代，我们该如何保护自己的话语权？如何辨别真相与谎言？如何在数字空间中重建一种健康的舆论生态？

在数字时代，沉默并不一定是安全的，发声也并不总是自由的。

在探讨网络舆论问题时，我们可以引入一个新概念：舆论生态危机。它描述的是，在数字化浪潮下，我们赖以交流、辩论和形成共识的公共舆论空间正面临着前所未有的挑战和危机。

网络暴力是舆论生态危机最直观的表现之一。它就像数字世界中的有毒植物，迅速蔓延生长，阻碍其他声音的出现。我们可以将这种现象称为"数字霸凌效应"。在匿名和距离消解的双重"保护"下，一些人展现出了在现实生活中难以见到的残酷一面。

更为隐蔽和危险的是有组织的技术操控舆论。一些机构或个人利用社交媒体算法和机器人账号，人为制造某些观点的"热度"，误导公众认知。我们可以将这种行为称为"数字意见塑造"。它不仅扭曲了真实的民意，而且可能导致社会撕裂和政治极化。

舆论生态危机对社会健康构成了严重威胁。当公共讨论被暴力、谣言和操控所主导时，理性地参与讨论和做出决策就变得极其困难。

在个人层面，舆论生态危机也带来了深刻影响。面对铺天盖地的信息和观点，许多人感到无所适从，产生了"数字焦虑症"。他们害怕表达自己的观点会招致攻击，也担心自己无法辨别真相。长此以往，这可能会导致人们的社会参与度下降、社会凝聚力减弱。

对像李梅这样的普通人来说，舆论生态危机更是直接威胁到了他们的生活和工作。一次无心的发言可能会引发滔天巨浪，给个体带来难以承受的压力。这种状况如果不改变，将会极大地抑制社会的创新活力和多样性。我们要记住，理性是网络舆论的守护者。

然而，在重建网络舆论生态的过程中，我们必须意识到，技术本身无关善恶，它只是工具。如何使用这些工具真正为社会服务，是我们面临的重要挑战。在这个过程中，我们不能忽视人性的脆弱面。网络暴力的滋生往往源于人们内心深处的焦虑与不安。通过理解这些情绪，我们或许能更好地应对网络暴力的挑战。社会需要更多的包容、理解与同情，它们不仅能减少一些人对他人的攻击，也能在某种程度上减轻其自身的孤独感与焦虑感。

李梅的经历提醒我们，面对舆论生态危机，每个人都可以贡献出改变的力量。正如人类学家玛格丽特·米德所言："永远不要怀疑一小群有思想、有决心的公民能改变世界。事实上，这是唯一改变过世界的力量。"

我们有权享受技术带来的便利，同时也有责任维护数字世界的健康运转。我们需要在这片数字空间中播下理性、同理心和希望的种子，共同培育繁荣、多元、健康的网络舆论生态。我想起一句耳熟能详的话："不怕风雨交加，只怕你我沉默不语。"

新技术与不平等：数字鸿沟的扩大与缩小

在这个时代，接入互联网并享受其便利并不是纯粹的技术成就，而是一场跨越文明的深层次社会变革。"数字鸿沟"形容的就是不同地域、阶层的群体面临的数字资源与信息不均。

数字鸿沟不仅仅是关乎谁能够连接上互联网的问题，更是关乎信息质量和我们对信息的利用能力的问题。这种差距可能会导致信息的差异化分布，进而在社会、文化和经济等领域产生深远的影响。

1. 新技术的普及：数字鸿沟的扩大与缩小

新技术的普及经常被描绘成一幅乌托邦式的图景：无处不在的联网能力、持续不断的信息流，以及每个人手中的智能手机——它们似乎可以改变人们的命运。然而，事实并非如此。数字鸿沟不是一道浅浅的沟壑，而是一道深不见底的裂缝，连接着狂飙突进的技术与参差不齐的人类能力。新技术的普及是一把双刃剑，它可以削弱信息获取能力的不平等，也可能因为不同人群的数字素养差异而加剧数字鸿沟。如果一个不识水性的孩子被突然扔进泳池，他既有可能学会游泳，也有可能被水淹没。数字技术只是开启了一扇门，真正的挑战是我们在穿越这扇门后进行的能力构建和风险管理。

在全球范围内，类似的现象并不罕见。许多生活在偏远地区的人，虽然通过卫星互联网或移动网络接入了数字世界，却因为缺乏数字素养和信息甄别能力而陷入了新的信息困境。例如，一些贫困地区的人们，因为不了解如何保护自己的数据隐私、保障网络安全，很容易被骗局和虚假信息所蛊惑。与此同时，发达地区的用户则能够更加自如地利用信息技术得到学习、工作上的机会。这种信息获取能力的差异，说明数字鸿沟并不是简单的"有没有网络"，而是"有了网络之后会发生什么"。

2. 数字鸿沟扩大与缩小的张力

不过，接入数字世界并不意味着人们只会面临技术带来的困境，它也是许多人打开现代化之门的钥匙。无论是刷短视频还是看直播，这些都是刚刚进入数字空间的人逐步学习、适应和整合外部信息的过程。尽管信息的开放看似问题重重，但从长远来看，它带来了社会的整合与重塑。

新技术的引入，的确为世界上那些偏远地区的人们带来了信息红利。例如，接入互联网后，这些地区的人们可以通过网络分享自己的文化故事，吸引全球网民的注意力，为自己争取更多的社会支持。同时，其他地区的人们也可以通过互联网进一步了解这些之前不太为人所熟知的地方，或许还能为当地的环境保护、文化传承做出贡献。

然而，数字鸿沟并不仅仅与接入问题有关，更与信息使用的平等问题有关。即使技术在不断进步，如果不同时提高人们的信息使用能力、提供数字教育，鸿沟也只会被越拉越大。那些掌握了更多信息的人将拥有更多的机会，而那些被困于信息之海的人则可能会被进一步边缘化。这种不平等不仅体现在个人机遇的差异上，还会影响社会的整体公平与和谐。

在调研中，让我记忆深刻的两个人是李丽璟和钱云。她们虽然生活在同一个城市，但可以说是处于数字鸿沟的两端。李丽璟是一个走在数字时代前列的人，她拥有最新款的智能手机、平板电脑和高速的互联网连接。每天，她都可以轻松地浏览新闻网站、社交媒体和在线课程，积极使用人工智能大模型等新型工具来办公。她了解世界各地的时事新闻，可以参与在线辩论，还能通过网络学习新技能，提高自己的就业竞争力。李丽璟就像一个信息的"富翁"，她可以轻松地享受数字信息提供的各种便利。

而来自信息匮乏街区的钱云则面临着更大的挑战。网络连接速度缓慢与硬件条件落后的问题，甚至是人工智能大模型每个月的会员费都限制了钱云获得更多的学习和工作机会。钱云很难接受在线培训，也很难找到远程工作的机会。尽管钱云一直在努力工作，但数字鸿沟让他的道路充满坎坷，导致他的成功机会有限。

3. 新技术普及背后的不平等

如今，我们可以轻松地通过智能手机进行实时通讯、获取新闻，甚至进行复杂的金融交易。但是，技术普及在为我们的生活带来更多便利的同时，也引发了更隐蔽的社会不平等现象。例如，医疗领域的数字化进程本应缩小社会中的医疗服务差距，但有时候，数字健康系统的崛起使得那些生活在数据匮乏地区的居民难以享受个性化医疗服务。缺乏健康数据的记录，导致他们被排除在精准医疗之外。

同样的情况在教育领域愈演愈烈。网络教育为城市中的孩子们打开了通向知识宝库的大门，但有些偏远地区的孩子即便有了互联网，也因为缺少设备、师资和指导，无法充分利用这些资源。技术并不能自动弥补这些差距，反而可能扩大因地域差异、财富不均而形成的教育鸿沟。

4. 为缩小数字鸿沟采取行动

缩小数字鸿沟，需要全社会的协同努力。首先，继续加强基础设施建设是根本。只有确保社会中的每一个角落都能够接入高速互联网，我们才有可能迈出实现信息平等的第一步。其次，提升人们的数字素养是关键。只有让每个人学会甄别信息、规避风险、充分利用网络资源，才能让他们真正从技术进步中获益。数字素养教育不是为了简单地"避害"，而是为了更好地"趋利"。

在数字化浪潮中，我们不仅要关注技术本身，而且要关注如何让每个人能够平等地使用技术。这不单是网络接入的问题，更关乎如何为每个人提供信息的使用权和平等的发展机会。

数字鸿沟是一个复杂而深刻的社会问题，它不仅仅涉及网络接入的平等，还涉及信息的分布和利用的平等。如果我们只关注技术接入而忽略了对数字能力的培养，这条鸿沟就只会越来越深。所以，我们需要不断反思并采取行动，缩小这条数字鸿沟，推动形成一个更加平等、包容的社会。

技术、生活与社会变迁的新景观

　　站在当下，展望未来，我们不仅需要预见技术的演进方向，而且需要理解新技术将如何改变我们的生活、重塑社会结构，并带来新的挑战与机遇。在数字化浪潮之中，技术不只是工具，更是社会文化的塑造者，改变着人与人、人与物，以及人与世界的互动方式。

　　技术带来的变革从来不会只停留在工具层面，它必然会对社会结构产生深远影响。一个典型的趋势便是远程工作的常态化。2020 年以来，远程办公方式已经被世界各地的许多企业广泛采用。我们正在见证一种新的工作形态——"数字游牧"的兴起。员工不再被局限在城市的写字楼中办公，而是可以在任何拥有网络的地方工作。由于技术的支持，许多硅谷程序员已经选择在偏远的农村或度假胜地居住，同时保持着与全球团队的合作。

　　远程办公不仅改变了企业的工作模式，而且有可能使城市与农村的人口重新分布。小城镇和农村地区的基础设施将因这种新型工作方式而得到发展，人口密集的大城市将有可能出现人员分散的趋势。

　　与此同时，教育也将在数字社会中经历深刻的变革。传统的教育方式依赖于教室空间和面对面的互动，而未来，个性化学习和在线教育平台或许将成为主流。例如，可汗学院、慕课等平台已经开始为学生提供全球范围内的在线课程，突破了地域和时间的限制。学生可以按照自己的节奏学习，课程内容也可以根据学生的需求量身定制。这样的变化不仅提升了教育的灵活性，而且为那些生活在资源匮乏地区的学生提供了更加公平的学习机会。

随着大数据和人工智能的发展，数字社会中的个性化体验将达到前所未有的高度。无论是购物、娱乐还是教育，每个人的体验都可以依据其偏好、习惯和需求精心定制。然而，这种高度的个性化也有可能带来标准化与多样性之间的矛盾。算法推荐能精准识别用户的兴趣，但它也可能会限制用户接触新事物的机会，使我们的思维难以拓展。

在数字社会中，信息过载将成为每个人都需要面对的挑战。信息流的速度与规模已经超越了人类大脑的自然处理能力。懂得从海量的信息中筛选出有价值的内容，将成为每个人都需要培养的技能。在这个信息爆炸的时代，批判性思维能力、信息识别与筛选能力尤为重要。它不仅关乎个体如何在信息洪流中立足，也关乎社会群体如何在技术的推动下保持理性与清醒。

在数字社会的变迁中，新技术给我们带来了巨大的便利，同时也挑战着我们对生活、工作和社会结构的传统理解。把握新技术与社会的互动关系，正是我们迎接未来、构建更好的社会的关键。

从空间计算到人工智能，从远程工作到个性化体验，每一种新技术不仅改变了我们与世界的互动方式，而且深刻影响着我们的价值观与社会结构。我们必须明白，技术不是孤立存在的，它总是在影响着我们的日常生活、文化氛围和社会秩序。所以，在这个复杂且不断变化的世界中，我们要充满智慧地使用这些技术，确保它们始终在为我们服务，而没有让我们沦为它们的附庸。

正如阿尔文·托夫勒在《未来的冲击》中预言的那样，技术的进步并不会自动带来幸福，它将带来新的不安、焦虑与挑战。[①] 因此，除了

① 阿尔文·托夫勒. 未来的冲击 [M]. 黄明坚，译. 北京：中信出版社，2018.

追求技术的创新与进步，我们更需要审视技术对生活、工作和社会的深层影响，寻找那些能够帮助我们应对各类变化的价值观与行动准则。

　　或许我们终将发现，面对一个越来越数字化的世界，真正让我们有归属感的，不是那些先进的科技产品，而是我们在技术和生活之间找到的平衡点。这个平衡点，不只关乎效率与便利，也关乎人性、自由与社会的共同利益。

　　当你展望这个数字社会的未来时，也许最重要的问题不是技术能做什么，而是我们要选择让技术成为什么样的力量。

第五章

经济变革：
数字财富的重塑与分配

在这个由比特构筑的新世界里，经济正经历着前所未有的变革。数字空间中经济活动的新形态——从无边界市场到零工经济、从"数字游民"到新兴职业——每一个方面都在重塑我们对财富、工作和生活的理解。

我们将见证传统商业模式如何在数字浪潮中转型、数据如何成为新时代的"石油"，重新思考数字经济背后的供需关系。更重要的是，我们要直面数字鸿沟带来的不平等，思考如何在这场变革中确保每个人都能分享数字红利。这不仅是一场经济的变革，更是一次重新定义价值和财富的机会。

无边界市场：数字经济如何重新定义商业

数字空间运行秩序的维持离不开数字空间中的经济活动——这是一个全新的商业领域，有着自己的规则和节奏。在这里，数据流是新鲜的血液，连接就是氧气，而创新是不断跳动的心脏。经济活动不再只依赖于实体的存在，而可以在一个看不见、摸不着的网络世界中进行。

数字经济的兴起使消费者不再依赖于实体店铺。曾经的传统商业巨头（如百货公司）现在不得不和淘宝、京东这样的在线购物平台竞争。我们的消费习惯从排队等待向即时下单转变，从而推动了传统经济模式向数字经济模式的转变。

数字经济是一种新兴的经济模式，它允许人们通过互联网进行交易和沟通，不受地理位置的限制。它的本质是去中心化的，交易的权力分散给了网络中的每一个节点，也就是每一个用户。在这个经济模式中，信息是货币，连接是资本，而信任则是新的信用评分。

它与传统经济模式最大的区别之一，在于数字经济的无边界性。在传统经济中，你可能需要考虑地理位置、运输成本、开店时间等。但在数字空间里，你的商店无时无刻不在数字空间营业，客户的订单可以在一秒内从北京发送到西安。

数字经济的核心之一是连接。它不是指物理世界的"手牵手"，而是指电子信号的连接。比如，有一位农民，他在网上直播自己的农作物生长情况，通过在线预售的方式，让远在他乡的消费者感受到收获的喜悦。这种即时的、跨越空间的连接，让商品和服务的交换变得无比便捷。

让我们以 Etsy^① 网站为例讲讲数字经济的连接性。Etsy 在我国还不太流行，它是一个在线手工艺品交易市场，让全球的工匠和艺术家能够直接把自己的作品卖给消费者。在这里，一个毛线娃娃可能来自冰岛的一个小镇，而它被卖给了一位住在北京的收藏家。Etsy 的成功不仅由于它能够连接买家和卖家，而且由于它重塑了我们对"商店"概念的认知。你的"商店"可以是你的客厅，而你的"顾客"可能正处在地球的另一端。

数字经济的连接激发了创造性和创新，因为它降低了创业的门槛。同时，数字经济重写了一部分规则。它没有传统市场的限制，没有开门关门的时间，也不在乎你穿什么衣服。它关心的是你能提供什么、创造什么。它是一个创意的乐园，一场数字的盛会，一个每个人都有机会在其中找到自己位置的市场。

数字经济模式让我们开始重新思考"价值"。在数字经济中，一个独特的想法、一个代码片段，甚至一个搞怪的猫咪视频，都有可能成为价值连城的商品。因为在这个世界里，人们购买的不仅仅是商品，更是故事、体验和连接。而这一切，都源于互联网这只无形的手，它让信息的传播和资源的连接变得前所未有地快速和便捷。

短视频上的一个账号专注于教人化妆，而账号背后的主理人可能是一个从小就热爱涂涂抹抹的小姑娘。她一开始只是想分享她对于化妆的热情，没想到她的频道会吸引成千上万名粉丝。而当她的观众数量越来越多时，她不仅能通过广告赚钱，而且逐步推出了自己的化妆品牌。这

---

① Etsy 是一个美国电子商务网站，专注于销售手工 / 复古物品和工艺用品。商品类别广泛，包括珠宝、箱包、服装、家居装饰、家具、玩具、艺术品，以及工艺用品和工具等。该网站遵循开放工艺品交易的传统，为卖家提供在线个人店铺，卖家可以在其中陈列商品。——编者注

就是数字经济的魔力——它给了每个人一个舞台，让兴趣和激情能够转变成职业机会和经济回报。

数字经济也改变了我们对工作的看法。在数字经济中，自由职业者、远程工作者和"数字游民"成为常态。你可能正在海南的海滩上为一家位于纽约的银行编写代码，而你的同事可能分散在全球各地。这种工作方式不仅改变了"办公室"的概念，而且改变了我们对"工作时间"的理解。

然而，数字经济并不是没有规则的、随心所欲的空间。它有自己的参考标准，比如算法的优先级、搜索引擎的排名，以及社交媒体的影响力。在这里，你可能因为一条博文而成名，也可能因为一次网络攻击而失去一切。

数字经济展现了一种独特的经济平民化形式。在这里，占据优势的不一定是那些拥有很多资本的人，而是那些能够有效地连接和利用资源的人。它证明了一个人的影响力不只取决于他的财务状况，还取决于他的创意和能力。

所以，数字经济是什么？它是一个无边界的市场、一个任何人都能参与的游戏、一个我们的想象力和创造力被商业化的地方。它改变了我们对经济的理解，因为在这个新时代，经济活动不再仅仅意味着买卖，它是分享、是连接，更是一场永不落幕的创造表演。

从实体到数字：数字经济的基础与未来

尼古拉斯·尼葛洛庞帝曾表达过这样的观点：我们正在见证一场无声的革命，原子正在让位于比特，而实体正在转变为数字。

现在，让我们一起探索一场正在这个数字化时代悄然改变我们生活的变革：从实体到数字的"华丽转身"。

让我们从传统的书店开始讲起。曾经，书店是文化的圣殿，书本是知识的容器，每一页纸张都承载着作者的思想和故事。书是由树木变成的，我们需要砍下树木，制成纸张，印上字，再运送到世界各地。但今天，这些知识的容器正在被由比特组成的数字文件所取代，电子书成了人们可以在任何地方阅读的便利之物。

曾经，你可能会在一个雨天的下午走进一家书店，感受店内的咖啡香气和书页翻动的沙沙声。如今，这一切似乎都可以被一部小小的电子书阅读器替代。你可以躺在家中的沙发上，捧一杯咖啡在手，点点屏幕就能翻阅自己想读的电子书。这不仅改变了我们读书的方式，而且重塑了出版业和零售业，甚至包括我们对"阅读"这一行为的理解。

回想 20 世纪 90 年代，音乐还是以塑料和铝制成的实体 CD 为存储载体的。这些 CD 在音乐商店里陈列着，等着被音乐爱好者"激活"。后来，随着互联网的普及和带宽的扩展，音乐的存储载体开始发生变化，变成了可以在网络上无限复制和传播的数字文件。iTunes 和网易云音乐这样的数字音乐服务平台，标志着音乐的载体从实体形态到数字形态的转变，这种转变不仅改变了人们对音乐的消费方式，而且改变了整个音乐产业的生态。

这种从物理载体到数字形式的转变，本质上是一场深刻的变革。在这个过程中，原本需要依靠实体载体存在的内容，被转化为由 0 和 1 组成的数字信息流。这种转化不仅带来了传播方式的改变，而且，更重要的是，它创造了全新的价值链条。比如，数字音乐服务不仅能够为用户播放在线音乐，还能基于用户的收听习惯为其推荐新的内容。这在实体音乐时代几乎是无法想象的。

在这个从实体到数字的转变过程中，有一个容易被忽视的角色——数据。数据是数字经济的"新型原油"，它的价值能够被提炼出来，转化为洞察力和智慧。从搜索引擎的算法到短视频的推荐系统，它们的背后都是数据在发挥作用。

最终，这个转变让我们不得不重新审视"价值"的含义。在数字经济中，价值不再只由产品的稀缺性和生产成本决定，而是由服务的个性化程度和用户的体验来定义的。正如一位数字经济学家所言："在数字经济中，价值不再是固定的，而是流动的。它不再依附于物理实体，而存在于网络和关系中。理解这一点，就等于掌握了数字经济的钥匙。"

从传统经济到数字经济的转变不仅仅是技术的演进，更是社会结构、文化习惯乃至生活方式的彻底变革。从实体到数字，这场变革正在重新定义我们心目中的"连接"。在这个过程中，我们也许会失去某些传统的东西，但同时，我们也将获得前所未有的自由和可能性。

点击与货币：数字时代的经济活动

在传统市场里，章一飞是个卖西瓜的小贩。他知道，要想把瓜卖出去，就得吆喝得响亮、保证自己卖的西瓜足够甜，最好还得有人慕名而来。这就是传统的经济活动形式：地点固定、交易面对面、声音越大生意往往就越好。

但在数字世界里，如果章一飞的西瓜生意搬到了网上，他就需要在社交媒体上晒出诱人的西瓜照片，或者在短视频平台上发布一个切西瓜的慢动作视频，让人看了就垂涎欲滴。在数字空间中，章一飞卖西瓜不再只是卖一种商品，这个过程还变成了一种共享的经验、一个可以点赞和评论的话题。

想要深入理解现代经济活动的运作方式，我们就需要探讨它与传统经济模式的关键差异。我们知道传统书店在数字时代活得不易，下面让我讲讲特色书店经营者小王的故事。小王是个有远见的人，在互联网尚未普及时，他就开了一家书店。这家书店很传统，也很有个性。许多顾客走进来，会挑一本书，和小王聊聊天，然后愉快地离开。小王知道每位老顾客的名字、他们喜欢的书，甚至他们的家庭生活情况。

然而，随着网络的兴起，小王开始在网上销售书籍（从淘宝到后来的京东、抖音、拼多多、小红书等平台）。一开始，他只觉得这是一种新奇的尝试，但很快，他意识到了数字经济的力量。他不再只是和顾客聊天，还会通过邮件、博客和社交媒体和他们交流。他不再只是把书放在书架上，还会把它们展示在网页上，配以详细的介绍和读者的评价。

　　在数字经济中，货币的流动变得无形，顾客点击屏幕就可以完成购买。小王的书店变成了一个无边界的商店，他的顾客可能在咖啡馆里，也可能在地铁上。他们不一定会为了和小王交流而亲自来到书店，因为他们能在任何时间购买自己想要的书。小王的库存也不再局限于他的小店，他还会与出版社和分销商合作售书，库存的空间几乎是无限的。

　　数字经济打破了时间和空间的界限，也带来了新的挑战。小王必须致力于搜索引擎优化、用户点评分数提升、"种草"内容营销，以确保顾客能在成千上万个在线书店中选择他的书店。他还必须学会分析数据，看看究竟哪些书籍更受欢迎。

　　不过，最大的挑战还是如何在数字空间中保持个性。小王的书店在传统市场中凭借个性特征脱颖而出，但在网络上，这样的个性容易丢失在千篇一律的网页设计和自动化的客户服务流程中。于是，小王开始在他的网站上分享故事，他会向顾客讲述书的来源、作者的趣闻，以及自己生活中的小插曲。他用故事来建立连接，用真诚来赢得信任。

　　在数字经济中，小王体会到，不是产品在竞争，而是故事和体验在竞争。他的书店不仅是一个交易的地方，而且是一个故事发生的地方、一个经验分享的社区。

　　这就是数字空间中经济活动的运作方式，它比传统经济更加侧重于连接和体验，而不仅仅是交易。我们接下来还会深入探讨更多数字经济的奇妙之处，从社交媒体营销的巧妙布局，到共享经济下的资源优化配置。数字经济不只改变了我们的购物方式，它还在重塑我们的工作、学习和娱乐方式。在这个由 0 和 1 构建出的数字世界里，每个人都是新的编码者。

数字空间中的供给与需求

数字空间像一家巨大的超市，里面的货架上摆满了各式各样的商品——这些商品就是信息、服务和产品。我们每个人都是这家超市的顾客，同时也是供应商。我们进入这家超市，既是为了找到自己需要的东西，也是为了提供别人需要的东西。这就是数字空间中供给与需求之间的基本游戏规则。

每个点击都是一声呼唤，每次搜索都是一个愿望，共同构成了数字空间中的经济行为。在这里，供给和需求不仅仅是经济学概念，更是生活在这个数字化星球上的每个人的日常。

让我们来看看数字空间中的"摊贩"们。这里有各式各样的内容创作者，他们就像街头的艺术家，用视频、博客、图像等形式展现自己的创意。他们的目标很简单：吸引尽可能多的流量和关注。供给在这里不是问题，任何人都可以生产内容，就像任何人都能在家做饭一样。

我想讲讲一个普通的程序员小李的故事。一天，小李决定将他的编程技巧制作成在线课程，供那些渴望学习代码的大众参考。一开始，人们对他的课程的需求并不多，但小李没有放弃，他坚持在各大社交平台分享自己的课程。慢慢地，课程开始有了影响力，直到有一天，小李发现自己的课程突然成了热门，需求量暴涨。

接下来，小李开始招募助手，研发一系列新课程，以满足那些不断增长的需求。小李的供给之船在数字空间这片无垠之海上扬帆起航，乘风破浪。

再来看看需求方。他们就像逛超市的顾客，有着各种各样的需求和口味。有些人可能喜欢看撸猫视频，有些人则可能对时政评论感兴趣。在数字空间中，满足这些需求变得异常简单。你想要什么，搜索引擎立刻会给你罗列一大堆相关内容，让你眼花缭乱。

我在采访中遇到了博士小张。他曾经发过一条微博，表示愿意支付2000 元找人帮他完成科研数据分析工作。他的这条微博意外地被转发了数百次，下面有一批留言，还有调侃，当然更多的内容是想接下这份工作的。他的邮箱还收到了不少合作意向方面的邮件，由此，筛选信息和反复沟通又成了他的新烦恼。最后，他选择了一位数学专业的博士来协助自己完成数据分析工作。

数字空间中有一个颇为现实的现象：供给过剩。因为内容生产的门槛几乎是不存在的，所以每个人都可以成为内容生产者。这导致了一个现象——信息过剩。这就好比你走进了一家自助餐厅，发现有 500 种沙拉可以选择，结果你不知所措，最后只好选择了自己常吃的炸鸡。

在数字空间中，供给与需求的关系之间有一个特殊的角色——算法。它可以说是数字空间的供需"调节器"，它决定了哪些内容能被更多人看到，而哪些会如沉入海底般沉寂。它就像超市里的货架摆放员，决定着把哪些商品摆在最显眼的位置。而供给者们则必须不断地适应和满足这位摆放员的要求，以保证自己在这场时刻变化的货架排列过程中占据一席之地。

一个典型的案例就是短视频平台。作为内容创作者，你可能需要了解推荐算法参考的数据（打开率、完播率、点赞数、收藏数、评论数、分享数等）、了解观众的喜好，还要搞懂视频排名的搜索引擎优化策略。如果你的视频标题令人好奇、内容精彩又吸引人，那么恭喜你，你的视频可能会成为下一个热点。如果不是，那么你的视频可能就会像沙漠中的一粒沙，很难有人问津。

　　短视频的低成本、低技术门槛，也使得老年人积极追求从"接收者"（用户）到"创作者"的身份转变。各大主要视频平台上都出现了一批由老年人构成的创作者队伍，甚至出现了粉丝量超过千万的"银发网红"，他们利用走红的"个人IP"[①]在不同平台搭建"账号矩阵"[②]。一度被认为与互联网"脱节"的老年人成了短视频领域的新兴使用群体和重要下沉对象，专门面向中老年人的短视频App和微信视频号也得到了研发和推广。

　　可以说，注意力是数字空间中的"货币"。你可能已经注意到了，在数字空间中，广告无时无刻不在吸引我们的视线。这些广告就像数字社会中的"路标"，它们被巧妙地植入我们浏览的每个页面、视频和应用中。无论是社交媒体上的精准推送，还是视频平台上的插播广告，它们都精确地锁定着我们的注意力，进而将其转化为广告商的利益。

　　我们可以把数字空间中的供需互动看作一场盛大的狂欢。供给端不停地创造，需求端不停地挑选，而算法和注意力则在其中扮演着至关重要的角色。在这个没有实体的市场中，每个人都可以是买家，也都可以是卖家，我们都在用自己的点击次数和观看时间进行交易，塑造着这个数字空间的秩序。

　　数字空间中的供给与需求关系是动态的、快速变化的，而且充满了不确定性。无数个独立的个体和复杂的算法共同编织了一张大网，这张大网可以在一夜之间把一个人推到台前，也可以迅速地让他被大家遗

---

① 网络流行语，指独特的个人形象或风格，可以是个人品牌、个人形象、个人作品等。——编者注

② 即通过运营多个网络账号，形成一个账号网络，从而提升个人或品牌内容的影响力。——编者注

忘。想想那些因为一条负面评论而销量大跌的产品——需求有时候像一场夏日的暴风雨，来得快去得也快，而它留给供给者的可能是一片被狂风暴雨冲刷过的土地。

附近的商业：本地生意数字化

在这个由网络构筑的全新社会中，时间、空间和连接三个核心变量重塑了我们对商业的理解。特别是在本地化商业这个领域中，这三个变量发挥的作用尤为明显。它们不仅改变了商业的运作模式，而且重新塑造了消费者的购物体验。当我们一起探讨本地化商业，即那些服务范围基于实体店方圆 3～5 千米的商家时，我们会发现，一幅充满活力的商业画卷正在我们面前徐徐展开。

1. 时间：即时服务的魅力

在快节奏的生活中，时间几乎就意味着一切。本地化商业恰恰在这一点上抓住了人们的心。想象一下，在一个紧张的工作日，你突然想起晚上需要买一束鲜花送给这一天过生日的朋友，或者，和朋友临时起意约好的聚会需要你快速地准备零食和饮料，这时，距离你最近的花店、便利店成了你的"救星"。它们提供的即时服务，能够在你需要的时间把商品送到你手中。这种基于快速响应时间的服务，是本地化商业无法被数字化商业全面取代的重点所在。

在本地化商业中，时间的价值被极度放大。消费者期望能够尽快获得服务或商品，这种即时性的需求推动了本地商家向更加高效、灵活的运营模式转变。时间不止是一种资源，更是本地化商家吸引消费者的重要竞争力之一。

2. 空间：社区的亲密感

与时间的即时性相辅相成的，是空间上的亲密感。本地化商业服务通常限定在实体店方圆 3 ～ 5 千米的范围内，这意味着这些商家服务的是一个个具体的社区、街区。这样的空间限定，让商家和顾客之间建立起了一种特殊的联系。商家不仅仅是服务提供者，更是社区的成员，它们了解社区的特色，知道居民的需求。这种空间上的亲密感，让本地化商业能够提供更加个性化和贴心的服务。

空间在本地化商业中的作用，不仅仅体现在地理距离上，还体现在它能够构建社区和邻里之间更紧密的联系上。这种基于地理位置的紧密联系，使得本地商家能够成为社区不可或缺的一部分，为顾客创造了一种特殊的归属感和信任感。在这个空间维度上，本地化商业不只是交易的场所，更是社区文化和情感交流的平台。

3. 连接：数字技术的加持

虽然本地化商业是以实体店为基础的，但这并不意味着本地商家与数字世界无关。事实上，随着智能手机和移动互联网的普及，许多本地商家已经开始利用数字技术来加强自己与顾客的连接。通过社交媒体、即时通信软件，甚至是自己的 App，它们能够实时更新商品信息、推送个性化优惠，甚至接收在线订单，提供送货上门服务。此外，数据分析工具的应用使得商家能够准确把握消费者的行为模式，优化服务方式，提升运营效率。这种数字技术的加持，让本地化商业的服务不再局限于实体店周围的几千米，而是扩展到了虚拟空间，实现了线上线下的无缝连接。

在数字时代，网络技术的发展为本地化商业提供了新的生长土壤。在这个即时、快速连接的时代，本地化商业通过数字技术的赋能，将传统的面对面服务转变成了动态性更强、互动性更强的新模式。

4. 本地化商业的未来

在数字化的大潮中，本地化商业展现出了其独特的生命力。一个个本地化商家通过时间上的即时性、空间上的亲密性，以及被数字技术加强的连接性，共同构建了一个既温馨又高效的商业模式。

未来，随着技术的不断进步和消费者需求的不断演变，本地化商业将展现出更加丰富多彩的发展可能性。在这个过程中，本地商家需要不断创新，深化与消费者和社区之间的连接，以更加灵活、开放的姿态迎接未来的机遇和挑战。

在这个由时间、空间和连接重新定义的新时代，我们不要忘记那些为我们的日常生活增添便利和色彩的本地商家，它们是社区的守护者，也是城市生活的调味剂。

情绪数据的"暗市"：当你的心情也成为生意

让我们从一次令人不安的购物体验开始说起。一个周末的午后，李玲正在悠闲地浏览着她最喜欢的在线购物平台。突然，一则广告跳了出来，推荐的是一款抗抑郁药物。李玲愣住了——她最近确实感到情绪有些低落，但从未对任何人提起过，甚至都没有搜索过相关内容。"这太诡异了，"李玲喃喃自语，"App 怎么知道我的心情？"带着这个疑问，让我们开启一段对于数字化新商业的探索之旅。

1. 情绪数据：从私人领域到公开商品

许多人以为，情绪是最为个人化的部分，是我们与世界互动的独特方式。而如今，情绪正在成为一项可度量、可分析、可商品化的资源。情感人工智能技术利用摄像头、传感器，甚至文本分析，捕捉我们的面部表情、语音语调、键盘敲击方式，甚至会从社交媒体上短短的几句话中提取我们的情绪信息。根据这些数据，算法可以"推测"出我们是开心、沮丧、焦虑还是愤怒。

这些情绪数据最初可能仅被用于改善用户体验，比如推荐电影、选择背景音乐或智能助手的对话风格。然而，随着技术的进步和市场需求的变化，这些数据的应用范围越来越广，逐渐进入了广告、娱乐，甚至职场管理等领域。情绪不再只是一个人内在的体验，而成了外界可以利用的资源，一种可以被分析、包装并出售的产品。正如著名社会学家齐格蒙特·鲍曼的观点指出的那样，在这个液态现代社会中，一切都可能成为商品。如今，就连我们最私密的情绪也不例外。

2. 泛情绪监控生意

从你使用的社交媒体 App，到你佩戴的智能手表，再到你家中的智能音箱，这些设备都有可能成为捕捉你情绪数据的"情感捕手"。它们可以通过分析你的语音、面部表情、心率变化等生理指标，推断出你的情绪状态。我们可以将这种无处不在的情绪监测称为"泛情绪监控"，这个概念描述了我们生活在一个情绪几乎无时无刻不在被分析的环境中。

广告商们也在利用这些情绪数据来进行更加精准的营销。这种做法可以被称为"情绪定向广告"，它不仅会考虑你的兴趣爱好，还会根据你当前的情绪状态来为你投放专门的广告。例如：当系统判断你情绪低落时，可能会向你推荐具有安慰性质的产品；当你兴奋时，系统可能会推荐一些奢侈品。这种做法虽然提高了广告的获益效率，但也引发了人们对隐私和自主性的担忧。

3. 情绪数据商品化的隐忧

随着情绪数据被广泛地收集和使用，我们的情绪隐私性正在逐渐被破坏。这种现象可以被称为"情感透明化"。在这个时代，我们的内心世界似乎开始变得像玻璃一样透明，任何一丝情绪波动都有可能被电子产品捕捉到并进行分析。

更令人担忧的是，一旦掌握了大量的情绪数据，一些别有用心的人是否有可能对我们的情绪进行操纵？你可以将这种潜在的风险称为"情绪工程"。想象一下，如果某个平台能够精确地知道什么样的内容会让你感到愤怒、悲伤或兴奋，它是否有可能会利用这些信息来影响你的情绪，从而达到某种目的？这种可能性令人不寒而栗。

在情绪数据成为新"商品"的今天，我们需要重新思考和定义数字时代的隐私权。隐私权的保护范围应该不仅限于个人基本信息，还应该包括个人的情绪和内心世界，从而让它们在未经授权的情况下不被分析和利用。

4. 捍卫心灵的最后堡垒

回到文章开头的李玲，她的经历只是冰山一角。现实情况是：我们的内心情绪——我们的内在世界中私密又珍贵的宝藏，正在前所未有地被窥探着。

在这个信息爆炸的时代，保护我们的情绪数据，就是在捍卫我们心灵的堡垒。因为，正如哲学家康德所言："有两样东西，人们越是经常持久地对之凝神思索，它们就越是使内心充满常新而日增的惊奇和敬畏：我头上的星空和我心中的崇高道德律。"而我相信，我们的情感，正是连接二者的桥梁。

人工智能时代的就业：危机与机遇并存

　　杨壮是一名 35 岁的仓库管理人员，在过去的十年里，他凭借自己的勤劳和经验维持着一家人的生计。而最近，他所在的公司引进了一套全新的人工智能仓储管理系统。这个系统不仅能自动调配库存，而且能 24 小时不间断地工作，效率远超人工，因此公司一次性裁掉了四分之一的员工。杨壮没有被解雇，但他的夜晚开始变得不再安稳——他不知道自己还能在这个岗位上待多久。和杨壮一样，越来越多的人开始担心：人工智能是否会让人类失去工作？

1. 人工智能是机会，还是威胁

　　随着人工智能的快速发展，关于"机器能否取代人类"的讨论变得愈发热烈。最常见的忧虑是低技能和重复性工作的消失。自动驾驶技术的发展可能会让一些出租车司机失业；智能客服机器人将减少呼叫中心的岗位需求；而像杨壮一样的仓储工人面临的，则是智能化生产线带来的冲击。

　　有人把这种现象称为"技术性失业"，即随着技术的进步，一部分工作岗位逐渐消失。历史上，蒸汽机、电力和互联网的出现都曾掀起过类似的潮流，但这次不同。人工智能不仅仅是工具，它还拥有自我学习和优化的能力，许多人担心人工智能带来的冲击将是深远而持久的。当机器学会思考时，很多人在担心，该如何继续工作。

　　但是，人工智能带来的就业危机不仅仅是技术发展的结果，它还关乎社会结构的调整、个人技能的提升，以及经济分配的再平衡。因此，面对人工智能时代，我们不能仅仅停留在担忧中，而应该重新思考——人工智能究竟是机会，还是威胁？

2. 低技能工作者的痛点：职业的消失与再培训的挑战

对像杨壮这样从事低技能和重复性工作的人来说，人工智能带来的失业阴影无疑是最大的痛点。很多工人正面临着同样的困境：他们的工作正在被机器所取代，而再就业的道路上却充满挑战。一个常见的问题是，许多从事这些工作的人往往缺乏足够的教育资源或技能储备，无法轻易转向高技能领域。

再培训成了解决这一问题的主要方式。然而，现实远比理论复杂得多。再培训要求传统工人在短时间内掌握一项全新的技能，而这对许多人来说几乎是不可能完成的任务。

全球有不少低技能工人面临着因人工智能和自动化技术而失业的风险。然而，真正参加过有效再培训计划并成功转型的工人，占比可能并不多。许多工人在接受再培训后发现，新行业对经验和复杂技能的要求远远超出他们的预期，从而再次陷入就业困境。

3. 技术冲击，更需要社会支持

人工智能技术的发展带来了就业市场的不确定性，而且涉及收入分配问题。在人工智能驱动的经济模式下，掌握数据和技术的人群将受益极大，而那些无法及时适应技术转型的劳动者，将面临收入减少甚至失业的风险。

这种分工与收入差距，需要我们思考：如何保障失去工作的群体？人工智能的冲击不仅是对工作岗位的挑战，更是对现有社会支持体系的考验。是否需要引入类似于"全民基本收入"的概念，以应对大规模职业轮换带来的社会挑战？当技术创造财富的速度超过人类创造工作的速度时，社会保障必须做出应对。

4. 个人应对人工智能冲击的职业发展策略：重新定位与主动转型

面对人工智能带来的就业问题，个体的应对策略显得尤为重要。技术性失业虽然是不可避免的趋势，但我们也不能一直被动等待。对每个身在职场中的人来说，最关键的是学会如何在变化中生存。

首先，我们需要重新定义"工作"。传统的"稳定职业"概念正在被颠覆，随着人工智能的介入，未来的工作将更强调创造力、复杂决策能力和人际互动能力这些人工智能难以完全替代的能力。那些能够把人工智能作为工具、努力提高自身工作效率的人，将在这个转型过程中占据优势。

其次，持续学习和技能升级已经不再是"选答题"，而是每个人都必须面对的"必答题"。即使是像杨壮这样已经工作多年的工人也需要意识到，终身学习是在人工智能时代保持竞争力的唯一方式。现在有不少职场人通过自学，掌握了一些与人工智能相关的基本技能，比如数据分析、编程基础，或者增强了沟通和管理能力，这些都能帮助他们在人工智能带来的浪潮中找到自己的位置。

在人工智能时代，终身学习不是奢侈品，而是我们的生存必备品。培养"适应力资本"才是未来职场的核心竞争力——针对人工智能时代的个人发展，我想提出"适应力资本"这个概念。适应力资本指的是一个人快速学习新技能、适应新环境、创造新价值的综合能力。在未来，拥有更多适应力资本的人将更容易在就业市场中获得竞争优势，企业在招聘时也会更加重视应聘者的数字适应力资本，而不仅仅是特定的背景和经验。

最后，心态调整尤为重要。与其把人工智能视作洪水猛兽，不如把它当作工具，学会如何与之共存。一个良好的心态是，人工智能并不会完全取代所有工作，它更像一把放大镜，放大的是我们现有的优势和劣势。如果你有一项强大的技能，人工智能就可以帮助你做得更好；如果你没有什么特殊技能，你可能就会发现，人工智能给自己带来了一些挑战。

那么，如何让人工智能成为社会发展的助力，而非负担呢？

从宏观角度看，要让人工智能成为社会发展的助力，关键在于社会服务的调整。政府、企业和教育系统需要紧密合作，创建更加灵活和包容的就业环境，让人们有足够多的机会在人工智能时代保持竞争力。

第一，国家应该投资于再培训项目的创新，而不仅仅是传统的职业技能培训。人工智能时代需要人们掌握全新的技能组合，包括数字素养、复杂问题解决能力，以及情感能力等。教育系统也应当从基础教育开始，培养学生对新技术的适应能力，而非仅仅教授固定的知识。

新加坡政府推出的"技能创前程"计划是一个很好的例子，它展示了如何在国家层面推动终身学习和职业转型。该计划为新加坡公民提供学习补贴，鼓励他们不断提升技能水平，适应不断变化的就业市场，同时，它会为企业提供补助，协助企业进行转型。这种全面的国家战略计划不仅可以帮助个人应对就业市场的变化，而且可以提高新加坡公民在人工智能时代的竞争力。

第二，企业必须承担更多的社会责任。人工智能的研发者和使用者必须意识到，追求技术进步不仅仅是为了追求利润最大化，还应该考虑它对劳动市场和社会的影响。通过提供内部培训、职业转型支持，企业可以帮助员工在人工智能时代找到新的定位，而不是简单地替换他们。人工智能的发展带来的是人类与技术的新协作，而非你死我活的对抗。

　　无论是个人还是社会，都必须认识到：人工智能的出现并不意味着工作的终结，而是我们重新定义工作的开始。人工智能有可能替代的只是那些拒绝改变和更新的工作。

零工经济的崛起：技能经济与个人自主性的结合

　　零工经济是一种工作模式，它强调灵活性和自主性，与传统的朝九晚五工作模式大相径庭。在这种模式中，工作被拆解成独立的任务或项目，人们可以根据自己的技能和时间选择合适的工作。它与传统工作模式的对比如表 6-1 所示。

表 6-1　传统工作模式与零工经济工作模式对比

特征	传统工作	零工经济
工作模式	固定时间，长期雇用	灵活时间，项目制
雇佣关系	直接雇用，稳定性高	依赖平台，短期合作
技能要求	专业技能，但职业路径相对固定	强调专业性，鼓励持续学习与提升
自主性	自主性较低，工作内容受限于雇主安排	自主性较高，自主选择项目和时间
沟通与协调	团队内部固定沟通，变化较少	动态团队，需要快速适应不同的合作伙伴和沟通方式
收入模式	固定工资，福利保障较好	收入不稳定，依赖项目数量和性质
职业发展	以升职加薪为主要目标	以专业化发展和多样化经验为核心
工作环境	固定办公室环境，社交圈受限	可以在任何地点工作，网络社交圈广泛
生活方式	工作与生活有一定界限，灵活性较低	可以自由安排工作与生活，更加个性化
风险与不确定性	较低，享有长期合同与福利	较高，缺乏保障，面临市场波动

数字技术改造了传统行业，使传统行业中的生产、服务过程被分解。北京大学国家发展研究院经济学教授李力行在接受采访时谈道，电商销售涉及生产、广告提供、交易、售后服务、配送等一系列过程，分别由不同的群体完成；外卖配送包括餐饮烹饪、广告发送、配送过程和售后服务过程，也是通过不同的环节完成的，其中，外卖骑手起到了重要作用。

将工作转变为项目制，意味着沟通、协调和建立信任变得更为重要，因为你可能会与来自不同背景和专业领域的人合作。想象一下，参与每个新项目都像是加入一个新公司，你需要迅速适应新环境，了解新同事的工作方式。虽然这听起来可能有些压力，但它也是一个展示自己能力和学习新技能的绝佳机会。

零工经济也被称为技能经济，这个名字就强调了个人的专业技能和知识的重要性。与传统的职业发展轨迹不同，零工经济鼓励个人成为某一领域的专家，而不是仅仅追求升职和加薪。这意味着你需要不断学习和提升自己，以保持在市场上的竞争力。这个过程可能既刺激又充满挑战，它也能让你的工作和生活更加充实和有意义。

零工经济也是一种关于生活方式的新选择。它可以带来不受传统工作框架限制的自由，让人们根据自己的兴趣、能力和生活需求来安排工作时间表。虽然这种方式可能会带来一定的不确定性，但它也为那些渴望掌握自己命运的人提供了无限的可能性。

来看看传统零工经济的一个非常具体而生动的例子——好莱坞的艺人经纪模式。在这个模式中，艺人们并不是固定地在某个电影工作室或电视台工作，而是通过他们的经纪人接受各种各样的项目和角色。这就展示了零工经济的突出特点：具备灵活性和选择的自由。

假如你是一名演员，你不会被限制在一个特定的角色或人物类型中，而可以根据自己的兴趣和长处来选择项目。这种方式不仅允许艺人们在多个项目中展示他们的多样才华，也为他们提供了持续学习和成长的机会。比如，一个演员可能会在一部电影中扮演主角，在下一个项目中则会尝试导演或制片的角色。这样的多样性和灵活性为艺人的职业生涯带来了更多的可能性。

现在，让我们将这个模式扩展到更广泛的数字社会中。随着互联网和数字技术的迅速发展，知识类工作也越来越多地拥有项目制的组织形式。这意味着，不只是艺术家和创意工作者，从程序员到市场营销专家，再到教育咨询师，越来越多的专业人士都开始远程工作，参与全球范围内的项目。他们不再被局限在一间办公室中，而可以在全球范围内寻找和选择合适的项目与合作伙伴。

简要回顾一下，零工经济的大规模出现是工作雇佣关系的一次深度转变，这场转变才刚刚开始，初现端倪的迹象包括：

（1） 工作模式的灵活性使零工经济吸引了那些追求生活多样性的人。

（2） 雇佣关系的变化表明，数字平台正在重塑劳动市场的形态。

（3） 相关技能要求反映了当今社会对个人专业能力的重视，推动了人们终身学习的趋势。

（4） 自主性的提高给予了个人更多的控制权，但这也意味着需要承担更多的责任。

（5） 沟通与协调的动态特性在多元化的团队合作中变得尤为重要，增大了市场对社交能力的需求。

（6） 收入模式的不稳定性要求从业者具备一定的财务管理能力和市场敏锐度。

（7） 职业发展的多样性为个人提供了更广阔的职业选择空间，也要求其具备更高的适应能力和灵活性。

（8） 工作环境的变化打破了传统办公室的局限，推动了全球化合作的趋势。

（9） 生活方式的个性化吸引了追求自我价值实现的人群，但这也伴随着一定的不确定性。

（10） 风险与不确定性的增加促使人们在职业规划中更加谨慎，寻找多元化的收入来源。

总之，零工经济代表了一种新兴的工作趋势，既为个人提供了更多的自主性和灵活性，也带来了新的挑战。未来的职场将更加强调技能的多样性与灵活性，适应这一变化是个人成功的关键所在。

数字时代的财富新思维：重新定义和理解资产的概念

2020 年春天，32 岁的章之翰还在日复一日地过着朝九晚五的生活。作为一家传统制造企业的中层管理者，他如同保管保险箱般经营着自己的财富组合：公积金、股票、银行存款。直到某天，他发现自己最有价值的资产之一，可能是自己用幽默的表达形式创作出的内容。

这个认知让章之翰的人生轨迹出现了戏剧性的转折。三年后，作为一名全职数字内容创作者的他，每月的收入已悄然攀升至三万元。更引人深思的是，他的资产结构已经发生了彻底的改变——个人 IP 如同生长的根系，粉丝社群是流动的养分池，音视频课程则化为可以无限分发的数字种子。

章之翰的转型不是孤例，而是时代浪潮中的一朵浪花。在这个万物互联的数字世界中，我们经历着一场对于理解"什么是财富"的认知改变。这不仅仅与资产形式的变化有关，更与财富创造、积累和传承逻辑的根本性转变有关。当传统与数字交织，资产的定义正在被重写——尽管许多人还停留在曾经的思维模式中。

1. 从"看得见"到"看不见"的财富转型

传统财富观如同博物馆的玻璃展柜，其中精心陈列着房产、金条和存折这些"看得见"的资产。而在数字世界，"资产"正以比特流的形态在云端穿梭——你的注意力是稀缺资源、社交信用是可流通的"货币"，而专业技能是复利机器。

这些无形资产之所以能在数字时代发挥极大的作用，是因为三个根本性变化：首先，数字技术的发展使知识和创意的传播与变现成本趋近于零；其次，网络效应使个人影响力能够以前所未有的速度扩张；最后，消费者愿意为情感连接和个性化体验付费。它们共同作用，使得数字技能、个人品牌、社交资本、创意作品和数据资源成为数字时代极具潜力的资产类别。

以李子柒为例，她的乡村生活 IP 不只是一个内容品牌，更形成了一个完整的商业生态。通过记录中国传统的乡村生活日常，她用视频获得了全球性的文化影响力，进而拥有了多元化的收入来源。这个案例揭示了数字时代一个关键洞见：文化认同和情感连接已经成了可量化的经济资产。

2. 构建新的个人完整财富图谱

数字时代的资产管理已经超越传统的金融投资范畴，扩展为对个人全方位资产的战略性经营。以音乐人的转型为例，过去依赖实体专辑销售和演出的收入模式，已被数字版权管理、平台分成、粉丝经济等多元化收入模式所替代。

这种转变启示我们，数字时代的资产管理需要我们具备整合性思维。个人需要关注三类资产：基础财务资产（现金、证券、不动产）、数字职业资产（技能、声誉、关系网络）和创意知识资产（内容、创意、知识产权）。这三类资产相互影响，共同构成了个人的完整财富图谱。

这就是一种健康的个人财富状态：基础财务资产提供安全保障和增长基础；数字职业资产创造持续现金流和机会；创意知识资产则具有长尾效应和复合增长潜力。三者协同，可以实现财富的可持续增长。

3. 代际财富观与财富传承的演变

作为"数字原住民"的新世代正在重新定义成功与财富的含义。与前几代人更看重稳定工作和实物资产积累相比，"95 后""00 后"更看重灵活性、自主权和生活体验，他们的财富观念呈现出鲜明的时代特征。例如，他们更喜欢追求财务自主而非财务丰裕、重视体验胜过占有，并将技能投资视为一项重要资产。他们更倾向于订阅而非购买、共享而非独占，他们也更关注投资带来的社会环境影响。

知名游戏玩家陈某去世后，家人无法访问他持续产生收益的游戏账号，这类事件引发了人们关于数字资产传承的广泛讨论。"数字遗产"的复杂性不只存在于技术层面，更涉及法律、伦理和情感层面的考量。

类似的问题促使我们思考：在数字时代，如何保障不同类型资产的延续性？我想，可能需要技术与法律的创新结合，如数字遗产服务和数字财富信托等新机制。这些创新将重塑家族财富规划的逻辑，使数字资产能够像传统资产一样得到有序传承。

4. 致未来的财富管理者

面对数字时代的财富观重构，我们需要采取新的思维方式和行动策略。

（1）思考资产多元化的可能性：不仅要关注传统资产，更要开始有意识地积累包括内容、创意、知识产权在内的各类新资产。

（2）元资产投资优先：将学习新技能、建立有价值连接、发展创造能力作为首要投资方向。

（3）拥有价值流动意识：理解数字社会价值流动的新规则，识别新兴的"价值洼地"和"价值高地"。

5. 重新定义丰富的人生

数字时代的资产重构，不仅仅与财富形式的变化有关，更与人生价值的重新定义有关。

也许，我们正在见证一个数字财富的新时代——一个每个人都能通过自己的创造力、学习能力和连接能力构建多元化资产的时代。在这个时代，我们的思想、创意、关注和行动，都有机会成为宝贵的资产。

数字时代的真正财富，不是银行账户中的数字，而是我们在这个拥有无限可能的世界中创造独特的意义和价值的能力。我想，这才是财富新思维的终极启示。

第六章

社会：
人们如何适应与改变

　　在这个由代码构建的数字世界里，我们每个人都有一个数字化的自我。让我们一起探索数字社会的运行机制，看看我们如何在虚拟与现实之间构建身份、维系关系，并应对前所未有的挑战。从数字空间中的身份构建到网络权力的游戏规则，从新兴的社交礼仪到数字鸿沟带来的不平等，我们将直面数字时代中一些非常尖锐的问题。

　　这不单是一场关于技术的讨论，更是一次对人性本质的深度探索。当我们的生活越来越多地被算法和数据所定义，我们该如何在这个新世界中找到自己的位置？如何在保持真实自我的同时，适应这个快速变化的数字社会？在这里，每一次点击都可能改变命运，每一条评论都可能引发变革。欢迎来到这个充满无限可能的新世界。

数据与关系：构建数字社会生态系统

谈完技术与经济的螺旋式改变，接下来要谈的是社会如何在新的时代演化与重构。在数字时代，社会不再只由物理空间中的互动所定义，它也可以由代码、数据与算法编织而成。我们正处在一个全新的社会——数字社会中。它不像传统社会那样由固定的地理边界和实体建筑构成，而是一个由不断演化的技术和关系网络支撑的动态生态系统。

1. 数字社会的生态系统：数据是关系的核心

我们首先要理解的是，数字社会的核心在于数据。每个人的每一次点击、每一条评论、每一次点赞，都是这个庞大生态系统中的一个节点。数据不仅是数字社会的"砖瓦"，更是连接一切关系的纽带。

当你在社交平台上发布一张午餐照片时，这看似微不足道的一次分享，其实已经触发了一场连锁反应。你的朋友看到照片，给你点了个赞；一位美食博主觉得这道菜色香味俱佳，转发了你的帖子；随后，餐厅关注到了这位博主的转发，决定给你发放一张优惠券。这一系列看似无意的互动，体现了数据和关系的动态联系。每一个用户的行为都是数字社会生态链中的一环，推动着它持续运转。

2. 数字社会的无形规则：算法与协议

现实社会有明确的法律和道德规范，而在数字社会中，驱动我们行为的往往是那些隐藏在后台的算法与协议。这些规则以一种近乎"无形"的方式存在，悄然影响着我们接收信息、互动交流的方式。

社交平台的算法会根据你以往的行为数据，决定哪些内容会出现在你的信息流中、哪些人可能会成为你的"朋友"、哪些新闻话题会吸引你的注意。它像一位看不见的导演，在幕后操纵着每一个动作，影响着我们对数字社会的参与和体验。

但值得注意的是，这些规则并不是始终完全中立的。平台和企业有自己的利益考量，它们设计的算法往往会推荐那些能够产生更多互动和点击量的内容。结果，我们常常被困在"信息茧房"中，看到的只是符合自己心意和自己感兴趣的内容，逐渐忽视了外界的多样性和复杂性。

业界典型案例就是短视频平台的推荐算法。它最初的设计是为了让用户看到自己感兴趣的内容，并根据用户的点赞、评论和分享习惯来调整内容。然而，随着时间的推移，短视频平台发现，情绪激烈、争议性强的内容往往能够引发更多的互动。于是，平台开始优先推送那些能引发人们激动情绪的帖子，导致用户接收到的信息更加极端化。这个现象也成了社交媒体极化问题的一个典型案例——算法设计的初衷是让信息流更加个性化，最终却让用户陷入了狭窄的信息圈，难以接触到多元视角。这种由算法驱动的"数字社会规则"正在悄无声息地塑造着我们的社交方式和认知模式。而理解这些规则、学会在复杂的数字世界中保持清醒至关重要。

3. 数字社会的平等性：打破传统边界

数字社会的独特之处在于它的相对平等性。无论你是名牌大学的教授，还是自学成才的程序员，你都可以在同一个平台上发表自己的见解，并与全球的用户分享。地理、身份、社会阶层的边界在数字空间中被模糊甚至消除。这是一种新的开放性，赋予了每个人表达和参与的权利。

我们可以想出这样的场景：在一个动漫论坛中，你和一个远在地球另一端的陌生人讨论你们共同喜爱的角色，彼此成了朋友。这种因共同兴趣而产生的联系，在极大程度上是数字社会特有的现象。现实社会中的交往往往受到空间、身份和社交圈层的限制，而在数字社会中，每一个有意愿的人都可以通过兴趣、文化，甚至是某个突发话题连接在一起。

4. 案例：程序员与社会学家的意外合作

一位业界朋友告诉了我一个真实的案例：某位自学成才的程序员在网络上发布了他开发的一个社交媒体数据分析工具，偶然被一位社会学教授注意到了。这位教授正好需要分析大量社交平台的数据，来研究数字空间中不同群体之间的互动模式。于是，他们通过线上交流开始了合作，并最终发表了联合研究成果。这种跨学科的合作和成果分享，在现实世界中可能需要花费数月甚至数年的时间，但在数字社会里，仅通过数次在线互动，他们就可以跨越学科与地域的界线，合作完成这项研究。

5. 数字社会的生态演进：无限的可能与挑战

数字社会的最大魅力之一在于其动态性和不可预测性。这个庞大的生态系统每天都在发生变化，任何一次社交互动、内容分享，甚至一次误点击，都有可能引发连锁反应，影响整个系统的运作。这种连锁反应不仅快速，而且人们难以预见下一步会发生什么。

这一点尤为重要。数字社会不同于传统社会，传统社会规则的改变往往需要漫长的时间。而在数字社会中，规则和秩序可以迅速变化。你无法预测下一次刷新屏幕时，会看到什么样的新信息或趋势。今天热门的话题明天可能就被遗忘，而一个小小的表情包甚至有可能成为一次全球性潮流的起点。

《我的世界》这款游戏就像一个微型的数字社会，数百万玩家通过创造与分享建立了一个个虚拟世界。我在新闻中读到，一位玩家在游戏中发起了一个社会实验：他在游戏中设立了一个虚拟城邦，让其他玩家加入并按照规则参与建设。然而，他将所有权力交给了一个名叫"自主骰子"的程序，让程序决定每个决策的执行者。这个实验吸引了来自全世界的玩家，成了一次关于权力、秩序和社会治理的集体实验。最初混乱无序的虚拟城邦逐渐演化出了一套自发的规则体系，许多玩家自愿承担起维护秩序的责任。这个例子不仅展示了数字社会的复杂性，还揭示了技术、数据与人类行为如何共同作用，形成自我调节的生态系统。

6. 数字社会中的责任与能力：我们共同的未来

随着我们在数字社会中扮演的角色愈发重要，每个人都拥有某种程度的影响力。从一次点赞，到一次长篇评论，再到一次内容创作，我们都在为这个社会的运行提供动力。我们可能没有意识到这件事，但实际上每个人都拥有一定的"数字责任"。

数字社会带来的自由与开放也伴随着相应的责任。我们不应该仅仅成为信息的消费者，而应该努力成为负责任的"数字公民"。我们需要意识到，自己在数字空间中的每一个行为，都会对整个数字生态系统产生影响。因此，传播真实、健康的信息，参与有价值的讨论，帮助构建一个更加健康、包容的数字社会，是我们应该做的事。

正如蜘蛛侠所言："能力越大，责任越大。"在数字社会中，我们的能力可以通过技术产生更广泛的影响，因此，我们的责任感也需要同步加强，只有这样，数字社会才能真正朝着更加健康和可持续的方向发展。

总而言之，数字社会并没有一个固定的结构，它是一个充满活力、不断变化的生态系统。每个用户、每条数据、每一次互动，都是它的一部分。数字社会赋予了我们诸多可能性——自由表达的机会、跨越国界的互动、实时的分享与学习等。而我们需要做的，就是善用这份力量，在这片数字空间中，共同构建一个健康、包容、充满创造力的未来。

我是谁：数字分身和认同的重塑

丽莎是一名 17 岁的国际学校高中生，她的社交媒体账号数量简直比她的课程数量还多。而且，她的每一个账号都有独特的风格：在微博上，她是热爱健身的"自律达人"；在小红书上，她摇身一变，成了时尚博主，分享各类穿搭心得；而在 B 站，她则是一个影评人，专门解读经典电影中的哲学与艺术表达。丽莎已经不确定哪一个身份才是她最希望别人看到的自己。这种身份的多重性，让她开始感到困惑，有时甚至会让她失去对自我认同的明确感知。

数字分身

1. 数字分身，正在瓦解单一自我的概念

我们正身处一个全新的数字时代，虚拟世界不再只是现实世界的简单延伸，而是正在重塑我们的自我认同。丽莎的困惑，正是数字分身现象的典型体现。在不同的平台上，我们可以通过数字技术轻松构建出不同的身份。你的"朋友圈形象"可能与你的"微博形象"完全不符，甚至互不关联。每一个数字分身，都有其特定的观众和语境，而我们最终创造的，是许多个平行的自我。

我把这些平行的自我称为"数字分身"。数字分身不是简单的多重身份，而是指数字技术允许我们在不同的场景中塑造完全不同的自我，以至于个体的"我"不再是一个统一体，而是碎片化自我的集合。在不

同的数字空间中，我们的行为、思维方式、表达习惯，以及价值观，可能会发生明确的转变。在某种程度上，我们的每个自我都在这些虚拟空间中不同程度地独立存在着。在数字时代，个体的自我认同不再是镜子中的完整形象，而是碎片化的映射。

这种数字分身虽然提供了自由表达和创造的无限可能，但也带来了新的问题：我们如何在如此多样化的数字身份中找到自己的核心身份认同？对成年人来说，这件事可能还在可控范围内，但对青少年来说，情况则复杂得多。

2. 青少年群体：数字身份认同的冲突与不安

让我们回到丽莎的故事。丽莎所面对的，并不单单是一个个平行的数字化身份，更是这些身份之间的冲突与碰撞。当她展示健身成果时，她会刻意抹去自己影评人的一面，因为她认为这会显得自己不够"酷"；而当她在小红书上展示时尚搭配时，她又担心同学们会觉得她"过于物质"。这种不同身份之间的冲突很容易在青少年群体中引发不安。

青少年正处于建构自我身份认同的关键时期，他们渴望被同龄人接纳、认可，而数字分身的多样性反而容易让他们陷入身份迷失的旋涡。当虚拟身份与现实自我出现矛盾时，青少年的情感稳定性会受到严重影响。例如，一项针对中国高中生的研究发现，超过70%的学生在社交媒体上感到有压力，因为他们不得不维护自己塑造的"完美形象"。当这些虚拟的、精心修饰过的身份与现实生活中的自我形象无法吻合时，许多人会产生强烈的自我怀疑，甚至陷入"自我认同危机"。

3. 数字分身背后的根源：技术如何影响身份认同

为什么数字分身会给一些人带来如此多的困扰？因为它的背后是技术对人们的自我认知和身份认同的深度干预。在传统社会中，我们的身份认同大多基于现实中的社交关系和地位，我们的自我认知是在具体的、相对固定的社会环境中逐步形成的。然而，在数字时代，社交平台和数字空间给予了我们前所未有的身份流动性和灵活性。

社交媒体的算法和互动机制，也在无形中影响着我们的身份认同。例如，点赞、评论、分享等功能让我们容易对每一个不同的"数字分身"产生情感依赖，从而让我们根据不同分身的受欢迎程度调整自己的言行。我们的一部分自我逐渐被外界的反馈所塑造，我们甚至不再完全按照自己的真实意愿去表现自我。

这种技术推动下的身份塑造，形成了我称之为"数字塑造效应"的现象。数字塑造效应是指个人在虚拟世界中开始逐渐根据外界的反馈（如点赞、关注、评论等）塑造自我身份认同的过程。在这个过程中，真实的自我逐渐被分解为多个基于他人反馈的虚拟身份。在数字世界里，我们不一定会只根据内在认同来表达自我，而倾向于根据外界反馈来塑造自我身份。

4. 冲突点：碎片化身份认同的代价

碎片化的身份认同与数字塑造效应，带来的不只是身份认同的迷失，更是深层的心理冲突。我们渴望通过数字分身获得认可，但也在被这些虚拟身份束缚着。碎片化的认同让我们陷入了多重身份的冲突之中，每一个数字分身都有可能成为一种心理负担，尤其是当它们彼此矛盾时。

更令人不安的是，这种身份的碎片化不仅发生在虚拟世界中，而且正在逐渐渗透进我们的现实生活中。数字身份的复杂性可能会使我们在现实中也无法明确自己的价值并构建自我认同，最终导致我们的心中产生一种持续的焦虑感。

5. 平衡数字分身，重塑身份认同

面对种种挑战，我们需要发展出新的能力和思维方式，以实现数字时代的自我整合。这个过程可以被称为"数字自我和谐化"。真正的数字智慧，不在于创造多少个"完美"的数字分身，而在于如何让这些分身与现实中的自己和谐共存。

我们需要明确自己的核心身份认同，找到不论在哪个虚拟空间中都能够保持一致的价值观与自我认同感，这是每个人抵抗身份迷失的关键。技术只是工具，而不是目的。真正的自我认同来自内在价值的体现，而不是外在数据的反馈。身处数字时代，只有在这种内外合一的自我认同中，我们才能真正找到心灵的归属。

数字分身可能改变了我们的身份认同，但它不应该是自我迷失的理由。

社交媒体上的名字：揭示你内心深处的想法

在社交媒体时代，每个人的名字和头像都在无形中透露着自己内心深处的想法。无论是微信昵称、头像，还是朋友圈中的动态，这些细节都构成了我们在数字世界中展示的自我形象。通过解读这些细节，我们可以观察到隐藏在人们背后的心理特征和生活状态。

首先，我们来看看那些在微信昵称前加上了字母"A"的人。这类人往往渴望通过在别人的通讯列表中排名靠前来获得更多的关注和机会，表现出了一种迫切的进取心。再看看那些名字中带有职业或行业标识的人，例如"××银行李三多"或"××保险李三多"。这些名字看起来有一定的专业性，这些人往往希望通过这种方式提升自己的职业形象。

如何判断谁可能具有比较强的消费能力？首先，你可以关注那

些使用真实姓名的人。他们有可能是发展得还不错的中年人，事业有成，生活稳定，拥有比较强的消费能力。此外，那些使用类似"自在如风""花开花落""春去秋来"等"佛系"名字的人，想要塑造自己心态平和的淡然形象，他们可能也有一定的经济基础和购买力。

一些网名可以直接反映出主人的目的和心态。例如："不瘦 10 斤不换头像"显然是对自己身材不够满意的人，而"×××（明星）的小宝宝""×××（明星）的可爱多"则表明这是一个追星的年轻人。

对于那些用二次元或动漫人物的名字作为自己网名的年轻人，如果你想与他们沟通，可以先了解一下相关的动漫及人物特点，因为这些名字往往代表着他们的兴趣和自我认同。

网名不只是一个代号，它还会透露出主人的价值观和生活观。例如，使用"咸卤蛋"或"一只加菲猫"这样网名的人，性格可能比较可爱。如果你想与他们互动，可以送一些有新意的小礼物，这样的礼物比较容易赢得他们的好感。

有些网名可能需要我们投入更多关注。一些网名很长或其中夹杂许多复杂符号（如"火星文"）的人可能在表达自我方面尚未完全成熟，或许他们在某些方面仍在探索自己的定位。在与他们交流时，你可以审慎地保持一定的距离。

网名是个人身份认同的外显，也是我们了解别人的有效方式。通过观察这些细节，我们可以更好地了解和认识别人，从而在社交媒体上游刃有余地进行交流。社交媒体的名字正如一面镜子，折射出我们内心中一个真实的角落。学会解读这面镜子映照出的画面，我们将会在数字世界中如鱼得水。

数字时代的自我呈现：头像背后的身份密码

在这个数字化浪潮席卷全球的时代，我们的生活越来越多地在虚拟世界中展开。社交媒体、即时通信工具、在线论坛等平台已经成为我们日常生活中不可或缺的一部分。在这个虚拟的世界里，头像作为我们的数字化名片，承载着远超其本身的丰富含义。接下来，让我们深入探讨头像这个看似简单，实则有些复杂的数字身份符号，看看它背后隐藏的意义。

在社会学理论中，有一个重要的概念叫作"自我呈现"（self-presentation）。这个概念最早由社会学家欧文·戈夫曼（Erving Goffman）提出，他认为，人们在社会互动中会有意识地管理自己给他人留下的印象。在数字时代，头像正是我们进行自我呈现的重要工具。

每一个头像都是一个精心设计的符号，展示着使用者希望他人看到的自我形象。它可能是一张自拍照、一幅动漫人物画像、一只可爱的宠物，或者一句富有哲理的话。无论是哪种形式，头像都在无声地诉说着："这就是我希望你们看到的我。"

1. 个人职业照：真实与理想的平衡

个人职业照是一种非常直接的自我呈现方式。不过，专门拍摄的职业照往往是经过精心的构思和修饰的。

以我的一位学生小李为例。她是一名刚步入社会的销售人员，在选择工作账号使用的头像时，她特意选了一张自己微笑着的照片。照片中的她穿着得体的职业装，背景是公司的标志墙。这张照片展现出了她的专业度、亲和力和对公司的认同感。小李告诉我："我希望客户一看到这个头像，就能感受到我的热情和专业。"

另一个有趣的例子是我的朋友王教授。作为一位资深的学者，他的头像是一张在图书馆拍摄的半身照。照片中的他手持一本厚重的书籍，目光深邃，给人一种学识渊博、思想深刻的印象。这个头像完美地呈现了他作为一名学者的身份和追求。

2. 动物头像：性格特征的隐喻

选择把动物图片作为头像的人，往往是在借助动物的特征来隐喻自己的性格或愿望。

我的一位朋友小张，是一名独立游戏开发者。他的头像是一只机警的狐狸。当我问起这个选择时，他解释道："狐狸代表着智慧和灵活，它们正是我在工作中追求的品质。而且，狐狸给人一种独立自主的感觉，这也符合我作为独立开发者的身份。"

3. 卡通头像：文化认同的表达

卡通头像不仅可爱有趣，更多的时候，它们还承载着特定的文化含义和价值观。

我曾经做过一项关于大学生头像选择的调查。受访者中有一位叫小黄的学生，她的头像是动画片《花木兰》中的主角。在被问到为什么选择这个头像时，小黄说："花木兰代表着勇气和打破传统的精神。作为一个即将毕业的女生，我希望自己也能像她一样，勇敢地追求自己的理想，不被传统观念所束缚。"

4. 名人头像：价值观的投射

使用名人照片作为头像的人，往往是在表达对该名人所代表的价值观或成就的认同。

我的一位同事老陈，是一名环保工作者。他的头像是已故科学家钱学森的照片。老陈解释说："钱学森不仅是一位杰出的科学家，而且是一位有远见的思想家。他曾经提出过'大成智慧'的概念，强调要用系统的、整体的眼光看待问题。这正是我在环保工作中所坚持的理念。"

5. 环境头像：生活态度的映射

选择把特定环境的图片作为头像，往往反映了一个人的生活态度或追求。

我认识一位自由撰稿人小吴，她的头像是一张在咖啡馆工作的照片。在照片中，阳光透过窗户洒在她的笔记本电脑上，营造出一种悠闲而专注的氛围。小吴告诉我："这个头像代表了我理想中的工作状态——自由、专注、享受生活。它也向潜在的客户传达了我的工作理念。"

6. 无生命物体头像：兴趣与身份的象征

选择把无生命物体的照片作为头像，通常是为了展示特定的兴趣爱好或职业身份。

我有一位学生小刘，是一名摄影爱好者。他的头像是一台复古相机。这个头像不仅表达了他对摄影的热爱，而且暗示了他的审美取向——怀旧、精致。小刘说："这个头像让我更容易找到志同道合的朋友，我们可以一起讨论摄影技巧，分享自己的作品。"

通过以上分析，我们可以发现，头像远远不止是一张简单的图片。它是一个复杂的符号系统，承载着使用者的身份认同、价值观、生活态度等多层次的信息。在选择和解读头像时，我们实际上是在进行一场无声的社会互动，传递和接收着各种微妙的信息。

在这个数字时代，我们每个人都是自己形象的设计师。通过精心选择和设计头像，我们不仅在塑造自己的数字身份，而且在参与构建这个虚拟世界的文化生态。

社交媒体文字排版与呈现风格背后的性格分析

我们正处在一个由社交媒体上的文本驱动的人际关系时代，社交媒体上的每一个字、每一个标点符号都传递着丰富的信息。通过分析这些文本的排版和呈现风格，我们可以反向理解作者的身份与诉求，甚至推测他们的性格特征。

1. 强迫型：理智与条理的结合

强迫型性格的人通常会创作出条理清晰、结构合理的文本，其中不太会流露情感，也很少出现拼写或语法错误。他们在社交媒体上发布的内容在文字排版和呈现风格上一般都非常严谨。比如，有些人无法容忍自己在朋友圈发布的文字少了句号，而"九宫格"的图片少了一张也会想方设法补全。他们追求心目中的"完美"，力求自己发布的每一篇内容都是没有瑕疵的。

这类人往往在工作和生活中也会表现出高度的自律和秩序感。他们的社交媒体主页看起来非常干净整洁，每一篇动态都像精心编排过的剧本、每一张图片都经过细致的筛选和调整。

2. 表演型：戏剧化的自我展示

表演型性格的人喜欢在社交媒体上将自我形象展示得富有戏剧性，他们的文本排版和语言风格充满了表现力。你会看到他们使用大量的间距、大写字母、独特的键盘字符，以及丰富多彩的语言表述。

这样的人喜欢通过夸张的表达方式吸引别人的注意，他们的每一条动态都像一场精心策划的表演。无论是朋友圈的日常分享，还是微博的长篇大论，都是为了获得更多的关注和点赞。他们的社交媒体主页不只是自我展示的平台，更是一个让他们发挥创意和表演才能的舞台。

3. 自恋型：杂乱无章的自我中心

自恋型性格的人常常会写出看起来杂乱无章的长段落，这类文本内容往往充满了自我中心式的表达。他们喜欢用大量的文字表达自己的观点，却很少顾及读者的感受。

这些人通常会在社交媒体上发布大量关于自己的信息，期望通过这种方式获得别人的认可和赞美。他们的文字风格也反映出一种内心的坚持，无论是观点的表达还是情感的宣泄，都带有强烈的个人色彩。

4. 冲动型：情感的即时宣泄

冲动型性格的人在社交媒体上的文字风格充满了激情和不稳定性。他们喜欢使用大写字母凸显情感的强度，往往会写出杂乱无章、有语法和拼写错误的文字。他们的信念是：即使是在数字空间中，我也要充分表达自己的感受。

这些人往往会在情绪激动时发布动态，无论是愤怒、喜悦还是悲伤，他们都会通过社交媒体即时宣泄出来。他们的文字排版随意，语言风格多变，这种不拘一格的表达方式让他们的社交媒体主页看起来生动而真实，但有时候也会显得有些混乱无序。

5. 文字背后的性格密码

社交媒体上的文字排版和呈现风格不只是个人表达的一部分，更是我们理解他人内心世界的重要窗口。通过分析这些细节，我们可以更好地了解对方的性格特征，从而在和对方交流时找到更合适的沟通方式。[①]

无论是强迫型的理智与条理、表演型的戏剧化展示、自恋型的自我

---

① 詹姆斯·彭尼贝克.语言风格的秘密：语言如何透露人们的性格、情感和社交关系 [M].刘珊，译.北京：机械工业出版社，2018.

中心，还是冲动型的即时宣泄，每一种风格都在传递着他们独特的个人信息。在这个文本社交日益重要的时代，我们要学会通过文字洞察人心，更好地理解和连接彼此。

"数字社交内卷"：解密无形的压力与焦虑

周一早晨，李梅像往常一样打开朋友圈，准备在上班路上刷一刷大家的最新动态。突然，一个跳动的红点吸引了她的注意。点开一看，是她的大学同学小王发的一条动态："周末随手拍，记录生活的美好时刻 #巴厘岛度假 #享受人生"。

配图是一张阳光与沙滩的完美组合。李梅的手指悬在屏幕上方，犹豫了好一会儿才按下了点赞键。她叹了口气，看了看自己身处的拥挤地铁，突然感到一阵莫名的焦虑和烦躁。

这个场景，或许不少人都不陌生。在数字社交时代，我们似乎很容易在不经意间被卷入一场看不见硝烟的"晒生活大战"。这种现象，我称之为"数字社交内卷"。

1. 剖析"数字社交内卷"

"内卷"这个词最近几年在社交媒体上成了热门，它源自英文"involution"，本意是指一种文化模式在达到一定发展水平后无法继续发展，只能不断地在内部变得更加复杂的状态。"数字社交内卷"则是这一概念在数字时代的延伸。

"数字社交内卷"是指人们在数字社交平台上陷入一种非理性的"竞争"状态，不断地展示自己生活中的亮点，试图获得他人的认可和羡慕，同时也因此感受到巨大的压力和焦虑。这种现象就像踏足于一个永不停止的跑步机——每个人都在上面奔跑，却始终无法真正前进。

在探讨"数字社交内卷"时，不妨从"数字镜像焦虑"的角度来进行具象思考：社交媒体就像一面镜子，反射出的是我们理想化的自我形象。然而，当我们频繁地接触到他人精心修饰过的生活片段时，这面镜子也会反射出我们的现实生活与理想状态之间的差距，从而让我们产生焦虑。

正如萨特所说的"他人即地狱"，在数字时代，这句话似乎有了新的注解：别人在社交媒体上展示的生活片段也是我们的焦虑来源之一。

2. "数字社交内卷"的万花筒

就像前文中李梅看到的那条动态一样，"晒生活"已经成了人们在社交媒体上的一种常态。人们争相展示自己吃过的美食、旅行的目的地、工作的成果，甚至是"精致的苦难"。这种行为背后，是对社交认同的渴望，以及对自我价值的确认。然而，正如一位朋友对我说过的话："人们总是倾向于展示自己美好的一面，这本无可厚非。但当所有人都这样做的时候，我们就活在了一个虚假的世界里。"

在数字时代，职场竞争也延伸到了线上。领英上的技能认证、微信工作群里的深夜汇报、钉钉上的"早安打卡"，都成了"职场内卷"的新阵地。一位年轻的程序员小李说："我们公司的工作群 24 小时无休，即使凌晨 3 点发消息，也总有人'秒回'。这让我感觉自己好像永远都在工作。"

在抖音、小红书等平台上，"IP 人设"俨然成了一种"社交货币"。人们精心设计自己的形象，力求在每一个视频、每一条动态中都展现完美的一面。这种现象不禁让我想到了社会学家欧文·戈夫曼的"拟剧论"：在社会这个舞台上，我们都是精心设计自己表演的演员。[①] 但问题

---

① 欧文·戈夫曼.日常生活中的自我呈现[M].冯钢，译.北京：北京大学出版社，2008.

是，当表演成为常态，我们还能找到真实的自我吗？

3. "数字社交内卷"的心理根源

费斯廷格的社会比较理论告诉我们，人们有一种与他人比较的内在动机。在数字时代，这种比较变得更加容易且频繁。我们不断地将自己与朋友圈中的"人生赢家"进行比较，而这种比较容易导致自卑和焦虑。

同时，我们还存在一种被称为"证实偏差"的心理倾向——我们倾向于寻找能够证实自己已有信念的信息。在社交媒体上，算法会根据我们的浏览习惯推送相似的内容。如果我们一直关注"炫耀"类的内容，就会误以为所有人的生活都如此精彩，从而加剧自己的焦虑。

此外，"害怕错过"（FOMO）是数字时代的一种典型心理状态。我们害怕错过重要信息、害怕被社交圈排斥，因此不断刷新社交媒体，陷入"内卷"的旋涡无法自拔。

4. "数字社交内卷"的社会影响：一场无声的风暴

"数字社交内卷"无疑加剧了社会的整体焦虑水平。在各类社交平台上，有不少年轻人表示，自己曾因社交媒体上的内容而感到焦虑。这种普遍的焦虑情绪可能会导致他们心理健康问题的增加。

过度关注他人的"精彩人生"可能会导致自己价值观的变化——开始追求表面上的成功和认可，而忽视真正重要的东西，如个人成长、亲密关系等。更值得警惕的是，"数字社交内卷"可能会加深社会分化。那些拥有更多资源和机会的人更容易在社交媒体上展现"完美生活"。

5. 我们该如何应对"数字社交内卷"

面对"数字社交内卷"，我们并非无计可施。首先，我想提出"数字正念"的概念，它指的是在使用数字设备和浏览社交媒体时保持觉知和专注。我们可以限定自己使用社交媒体的时间，定期进行"数字断食"，更多地关注当下，享受线下的真实互动。

其次，我们需要重新审视什么是对自己来说真正重要的东西。正如哲学家苏格拉底所言："未经审视的生活不值得过。"在数字时代，我们更需要经常反思自己的生活方式和价值取向。

最后，构建真实的社交关系至关重要。与其在社交媒体上维持大量的浅层关系，不如专注于在线下发展几段深厚的友谊。真实的情感联结能给我们带来更多的安全感和满足感。

6. 从现在开始，重塑数字时代的幸福感

"数字社交内卷"是一把双刃剑。它让我们更容易获取信息、与他人保持联系，同时也带来了一定程度的压力和焦虑。心理学家维克多·弗兰克尔说："人们一直拥有在任何环境中选择自己的态度和行为方式的自由。"在数字社交的洪流中，我们依然有选择的自由——选择如何看待他人的生活、选择如何展示自己、选择如何定义真正的幸福。

生活的意义不在于你在社交媒体上展示了什么，而在于你真实地经历和感受到了什么。

记住，你我的人生不是别人的参照物，也不需要别人来"点赞"。真正的"朋友圈"，是与自己内心的和解，是与身边人的真诚相处，更是对生活本真的热爱和珍惜。

在数字空间保持风度：新的社交互动礼仪

数字空间中的社交礼仪，与你在生活中穿衣和说话的方式一样重要。在数字世界里，我们的行为需要遵守某些不成文的规则。

在网络社交中，文字就像我们的服装，与特定场合相匹配的服装选择可以让我们在聚会中成为焦点，而不恰当的装扮则会让我们遭人侧目。当你向某人发信息时，就像穿着需要得体一样，文字信息也应该恰到好处，避免语言的过度膨胀。打个比方，发一段长篇大论的文字信息，就像在室内穿着滑雪服——显得笨重且不合时宜。

语音消息就像一杯调制得当的鸡尾酒，适量饮用可以令人耳目一新，但过多就会变得令人头晕。几米是一个热爱网络社交的营销经理，熟知数字空间中的社交规则。她知道应该在何时给不同的人发送语音留言——需要在对的时间发给对的人。而她的朋友晓飞则是一个例外。他总是喜欢不分时间和场合地给别人发送大段的语音留言，这就会让别人觉得他不太遵守数字空间中的社交礼仪。

数字空间中的社交礼仪不仅关乎对信息格式的选择，而且关乎发送的时机和频率。就像在现实生活中，你不会每隔五分钟就敲开同事的门，询问他们是否看到了你的邮件一样，在网络上，我们也不适合给别人频繁地发消息，这样会让人感到不耐烦。

网络空间并非无规矩的荒野，而是需要遵循一定礼仪的社交场所。我们的交流方式不仅反映了我们的个性，而且影响着我们在他人心中的形象。

在这个新时代，我们需要学习如何在网络上优雅地交流。我们要掌握文本信息的发送规则、学会寻找发送语音留言的适当时机、了解表情包的合理使用方法，并学会如何在不同的社交平台上使用不同的交流方式。

以下是几条在社交平台上与人互动的建议。

（1）分享，但不是一切：不要事无巨细、过于频繁地分享。要给自己和别人留出回味的空间。

（2）"请"和"谢谢"永不过时：虽然我们身处快节奏的数字世界，但这两个词语的魅力从未减弱。它们就像网络舞台上的黑色礼服和正装，永远经典、永远合适。

（3）始于尊重，终于点赞：在数字空间中，每次互动都是一次会面。礼貌地点赞、恰如其分地评论，就像带着微笑握手。

（4）简洁是魅力之母：长篇大论可能适合你的日记，但在社交媒体上，简短的信息更易于消化。想想微博，140 个字足矣。

（5）语音留言，慎之又慎：除非你确定对方喜欢听你的声音，否则最好还是使用文字。语音犹如咖啡馆里的爵士乐，不是每个时刻都合适。

（6）正确的时空，正确的内容：半夜发送工作邮件或发微信消息就像在午夜敲门一样让人不安。

（7）网上争论，礼貌使人有风度：即使处在激烈的"键盘战"中，也要保持你的风度。礼貌胜过尖锐，风度重于胜利。这一点不容易，但要多修炼才行。

（8）网络争吵，优雅退出：在网络世界的争吵中，退出是一门艺术，有时沉默是金。

这些小的建议，可以让你在网络社交中更加自如和愉悦。真正的网络礼仪高手，不仅会在键盘上"跳舞"，更能在心灵上温暖他人。

善用"呀啦哈"与表情包：数字时代的情感表达艺术

如今，在这个虚拟的数字世界里，一句简单的"哈哈"，可能比一大段冗长的讲话更能打动人心。语气词在网络交流中就像我们的情感调味料，如果用得恰到好处，既能让对话更加生动，又能拉近彼此的距离。

在数字空间的非视频交流中，我们不能像现实中那样通过面部表情或肢体语言来表达情感。所以，我们需要用文字来表达情感、传递热情。比如，领导、客户在和你对接工作时，你可以回复"好的啦""好的呀""好的哈"，这样的回复方式就比"好的"更能让他们隔着屏幕感觉到你的热情与温度。当你看到一个有趣的帖子时，可以评论一句"哈哈，太有才了，你真是大师"。这样的话语不仅赞美了对方，而且能让气氛变得更加活跃。

表情包也成了我们交流的重要工具，它们不仅是简单的图片，而且是情感的传递者。有一天，小李正坐在办公室里，一边啜着他那杯早晨必不可少的咖啡，一边浏览着堆积如山的电子邮件。突然，他的手机发出"叮咚"一声，是他最好的朋友发来的一条消息，只是一个表情包——一个正在疯狂打字的小人儿，上面配了一行字："周一的心情"。小李的嘴角不自觉地扬了起来，他回复了一个"翻白眼"的表情包，无言中已经表达了自己周一的心情。

你点开朋友们的群聊，翻找了半天，终于找到了那个合适的表情包——一只戴着墨镜的猫，又酷又可爱。你一发送出去，大家纷纷回复"哈哈哈""收藏了"，你知道他们看到这个表情包也非常开心。

表情包能传达语言无法准确表达的信息，也能传递出我们复杂的情绪。有时候我们不需要言语，只需要一个合适的表情包，就能让对方明白自己的意思。不过，使用表情包也是有"学问"的，要看场合、看对象。一位网店店主对我说，他在与顾客的沟通中会适时加入表情包，希望能够让对话的氛围更加友好和亲切。然而，有一次，他在处理一位顾客的投诉时误用了一个"哭笑不得"的表情包，导致对方生了气。这个小小的失误提醒他，表情包的使用有时候是一把双刃剑，使用不当可能会引发误解。

所以，要坚持在网络世界中传递正能量，在和别人交流时，用我们的"呀啦哈"与表情包点亮彼此的生活。作为这个奇妙的网络世界的一分子，你我都可以成为数字空间中的温暖之光。

在网络空间传递温度与价值，从一句走心评论开始

在现代的数字社交空间中，我们写给别人的评论早已不再是简单的"点赞"或一句敷衍的"干得好"。写评论变成了人与人之间一种新的沟通形式、一种交流的艺术，更是数字礼仪的一部分。一条走心的评论，可能比一份标准化的礼品更有价值——前者能够传递情感、建立联系，甚至成为社交关系的纽带。

1. 评论：社交连接的纽带

数字空间的繁荣让我们的生活变得碎片化，信息流动迅速，人与人之间的互动也趋于简短。我们常常在社交平台上匆匆一瞥好友的动态，点个赞，留个"真不错"的评论，便以为这足以维系关系。然而，真正能触动人心的评论，绝非简单的客套话语。

假设你的朋友发布了一条关于他刚刚跑完 5 千米的动态，你可以像往常一样点个赞，或者写个"厉害"。但你也可以多花几秒，写下这样的话："看到你每周都坚持跑步，真的让我感到敬佩，你的毅力让我觉

得自己也该重新开始健身了。"这样的评论不仅传递了赞美，而且在无形中建立了你和朋友之间的情感共鸣。它不单是表面上的鼓励，更是对朋友坚持跑步的认可和赞赏。

2. 走心评论的力量：建立深层次的关系

在数字世界中，评论是我们与他人互动的关键方式之一。一条走心的评论是一种认可、一种支持，更是一种积累社交资本的方式。许多人可能低估了评论的影响力——实际上，它是一种可以建立信任与情感联结的强大工具。

我在商学院对学生进行培训时经常强调，销售团队要在社交媒体上通过评论持续维护客户关系。这不仅仅是为了与客户保持互动，更是为了通过细致体贴的反馈展示自己对客户的关注与尊重。我们可以通过赞美客户的努力、成就，或者对他们的品牌、产品进行走心的评价，来建立更加稳固的客户关系。

3. 人工智能时代的评论生成工具：情感交流的进步

随着科技的迅速发展，人工智能大模型已经在生成高质量评论方面有了出色的表现。很多人会惊叹，人工智能大模型生成的评论不仅能准确回应用户的情感，还能适时使用表情包等数字工具来增强互动效果。想象一下，你的朋友发布了一张出色的旅行照片，而人工智能大模型帮你生成的评论不仅包含了"风景美如画"之类的赞美，还可能加上了一个恰到好处的表情包，进一步丰富了评论的层次感。这种精心设计的互动能让对方感到被关注与被尊重，从而加深你和朋友之间的感情。

4. 评论的艺术：赞美三段论

写出好评论的方式其实并不复杂。一个简单而有效的方法是"赞美三段论"，它不仅能帮助你在社交平台上脱颖而出，而且能增强你与他人的情感联结。

"赞美三段论"包括以下三个关键步骤。

（1）描述现象：指出一个明显的、积极的变化或特点。

（2）揭示品质：分析这个特点背后需要的优秀品质或能力。

（3）认可价值：表达你的欣赏，并表现出向对方学习的意愿。

让我们通过一个实际的例子来感受这一技巧的效果。假设你的同事王老师最近健身效果显著，身材变得越来越好，你就可以这样评论："王老师，您最近的变化真大，整个人看起来精神更加饱满了！**（描述现象）**这肯定需要极强的自律和毅力，您的决心真是让人钦佩。**（揭示品质）**您愿意分享一下健身的秘诀吗？我也想向您学习！**（认可价值）**"

这样的评论就不只是单纯的夸奖，它通过具体的现象描述、品质分析和价值认可，传递了更深层次的情感，能让对方真正感到被理解和被尊重。

5. 实例探讨：如何让评论变得更加有意义

让我们再来看几个在实际场景中有效地进行走心评论的例子。

场景一：朋友圈晒娃

你的朋友在朋友圈晒出了她可爱的宝宝。与其简单地写一句"宝宝真可爱"，不妨尝试着这样评论："宝宝的衣服太有个性了，真有你的风格！有你这样的妈妈，宝宝长大肯定也是个时尚达人。"这样的评论不仅夸赞了宝宝，而且认可了妈妈的品位，有助于你和对方建立更深层次的联系。

场景二：新车照片

你的朋友晒出了他新买的车。与其简单地写"车真酷"，不如这样说："真是让人羡慕！这车不仅外观很酷，而且很符合你的品位。开车的感觉一定很棒吧？"这样的评论从对方的品位和购买决策出发，表达了对朋友的认可。

场景三：职场成就

你的同事刚刚完成了一个重大项目，分享了团队的合照。你可以评论："项目做得真棒，看到大家脸上的笑容，就知道你们的努力得到了回报。这次成功的背后一定离不开你的领导力，太让人佩服了！"这样的评论不仅肯定了项目的成果，而且着重强调了对方在项目中的贡献。

6. 建设性反馈：促进成长的数字对话

评论的艺术并不止于赞美，建设性的反馈也是好评论的一种。它不仅能够促进对方的成长，而且能在双方之间建立更深的信任。例如，一位经验丰富的编辑在阅读某个新晋作者的文章时，可能会评论："你的故事叙述流畅，人物刻画生动，但如果能够删去这句不太有新意的短语，你的作品就会更加出色。"这样的评论并不会让对方感到被批评，而会激发其把作品改得更好的渴望。

7. 让评论成为人际关系的润滑剂

在数字社会，评论不只是一种简单的互动，更是一种情感交流的方式。通过走心的评论，我们可以在数字世界中建立起真实、深厚的人际关系。赞美、支持、建设性反馈，这些元素在评论中交织，可以使我们的社交互动更加丰富多彩和有意义。

诡异时刻：对方正在输入中……

在这个由比特和字节编织的数字世界里，我们每天可能都会经历一些微妙而意味深长的时刻。其中，"对方正在输入中……"这个看似平常的提示，就蕴含着丰富的社会学意义。让我们透过这个小小的提示，深入探讨数字时代中人际交往的特点。

在一个普通的工作日午后，年轻的程序员周海云正坐在他的工位上，双眼紧盯着电脑屏幕。他刚刚鼓起勇气，通过公司内部的即时通信软件向暗恋已久的同事顾晓琳发出了周末共进晚餐的邀请。发送按钮刚一按下，周海云就感觉自己心跳加速，掌心开始冒汗。

突然，屏幕上跳出了"对方正在输入中……"的提示。这短短的几个字，瞬间将周海云拉入了一个既充满希望又忐忑不安的情感旋涡。在这段实际短暂却仿佛被无限拉长的时间里，周海云的大脑开始疯狂运转，构思出了顾晓琳各种可能的回应。

"她会答应吗？""也许她在推敲措辞，婉拒我的邀请？""天哪，我是不是太唐突了？"

这种心理状态，正是数字时代中的我们在进行文字交流时常常会经历的。"对方正在输入中……"这个小小的提示，成了一面映照我们内心的镜子，折射出我们对即时回应的渴望，以及在等待中产生的焦虑和期待。

终于，顾晓琳的回复出现了："好啊，听起来不错。"简单的一句话，却让周海云先是一愣，随后如释重负，继而兴奋不已。在这个过程中，周海云经历了从紧张到释然再到喜悦的"情感过山车"，而这一切仅仅发生在短短几秒内。

这个例子生动地展示了数字交流中的一个独特现象。在面对面的交流中，我们可以通过对方的表情、语气、肢体语言等即时解读对方的情绪和态度，但在数字空间的文字交流中，这些非言语线索大多是看不见的，取而代之的是"对方正在输入中……"这样的提示，它成了数字时代特有的一种沟通方式。

这种现象反映了数字时代人际交往的几个重要特征。

1. 即时性与延迟性并存

数字通信工具给我们带来了前所未有的即时交流可能性，让我们可以实时与身处地球另一端的人对话。然而，"对方正在输入中……"的存在，又给这种即时性增添了一层微妙的延迟。这种延迟虽然短暂，但也足以让我们产生各种联想和猜测。

例如，在一次跨国商业谈判中，李明正在与美国客户约翰进行视频会议。在李明提出一个关键的合作方案后，屏幕上显示出了"John is typing..."（约翰正在输入中……）。在这段短暂的等待时间里，李明的脑海中闪过无数个念头："约翰是否对方案感到满意？他是否有什么疑虑？……"这种微妙的延迟，在商业谈判这样的高压场景下，格外凸显了数字交流的复杂性。

2. 情感投射的放大效应

在数字交流中，由于缺乏面对面交流的丰富线索，我们往往会对有限的信息进行过度解读。"对方正在输入中……"这个提示，就成了我们情感投射的载体。我们会根据自己的期待、恐惧或偏见，为这个中性的提示赋予各种主观意义。

比如，小张正在等待心仪大学的研究生入学申请结果，突然发现网页上弹出了一行字："系统正在处理您的申请……"看到这个原本中性的系统提示，小张的心中却出现了巨大的情感波澜。她开始想象各种可能出现的结果，甚至对提示持续的时间长短进行解读，认为时间越长，自己就越有希望被录取。这种情感投射的放大，是数字交流中一个独特的心理现象。

3. 数字礼仪的形成

"对方正在输入中……"的提示，在某种程度上也促进了一种新的数字礼仪的形成。它像是在告诉对方："我在认真思考你的消息，并正在准备回复。"这样的提示有助于维持对话的连贯性，减少因等待而产生的不适感。

在职场中，这种数字礼仪显得尤为重要。例如，人力资源主管王丽在与应聘者进行线上面试时，总是会特意打开"正在输入"的提示功能。即使她需要思考一会儿再回复，这个小小的提示也能让应聘者感受到被重视，从而缓解面试的紧张氛围。

4. 权力关系的微妙体现

有趣的是，"对方正在输入中……"的提示有时也会成为展现权力关系的一种方式。在某些情况下，让对方看到自己正在输入，然后自己又取消了输入，可能会被视为一种施加压力或展示权威的手段。

比如，在一个大型科技公司里，项目经理陈强经常会在下属汇报工作后，故意让"正在输入"的提示显示很长时间，然后只回复一个"嗯"。这种行为无形中给下属造成了压力，体现了数字交流中潜在的动态权力关系。

5. 真实与虚拟的模糊边界

"对方正在输入中……"这个提示，也模糊了真实与虚拟的边界。在数字空间里，我们无法确定对方是真的在写回复，还是在打开了对话框后又去处理其他事情。这种不确定性，在某种程度上反映了数字时代流动的真实性特征。

在这个由 0 和 1 构建的虚拟世界里，我们依然有着最基本的情感需求——被听见、被理解、被回应。"对方正在输入中……"的提示，在某种程度上满足了这种需求，它像一句无声的承诺，告诉我们：我在这里，我听到了你说的话，我正在回应你。

6. 数字社交也要回归人际交往的本质

数字时代的社交互动看似是虚拟的、短暂的，但它们背后的情感反应和心理过程可能是异常丰富的。"对方正在输入中……"不只是一个技术层面上的提示语，还是人们在数字世界中发明的非言语沟通工具，为屏幕两端的我们搭建起了一座情感交流的桥梁。在这个由即时通信主导的时代，虽然等待的时间正在逐渐缩短，但正是这些等待时刻，让我们有机会重新回想人与人之间交往的本质——听见、理解、回应。

数字空间里的权力游戏

因不满群主把自己移出微信群，山东律师柳先生以侵犯名誉权为由把群主刘先生告上法庭，要求对方重新邀请他进入该群，向自己赔礼道歉并赔偿精神损失费两万元。该案一经曝光，立即引发了媒体及网友的关注和热评，被戏称为"微信群主踢人第一案"，一度还上了热搜榜。山东省莱西市人民法院最终驳回了原告的起诉，这个结果让广大微信群主们松了一口气。

在这个例子中，微信群是群主刘先生自己建立的，目的是让群中不特定的律师和法律工作者相互交流、讨论诉讼和立案方面的有关问题，并非柳先生以为的、代表法院立案庭成立的公共群。而将发表不当言论的柳先生移出群聊，是群主对微信群进行管理的社会交往行为，不产生民事法律关系。因此，刘先生将柳先生移出群聊的行为不是侵权行为。

这个生动的案例让我不禁想问：在数字空间中，权力游戏的规则是什么？

在数字空间中，权力是流动的影响力。它不像现实中的权力那样容易辨认，而权力拥有者不是坐在办公室里的大老板，也不是挥舞着权杖的君王。在这里，权力是一种隐性的影响力。

让我们先来定义一下数字空间中的权力。它是基于信息、关系和信任的一种相对性力量。当别人依赖于你提供的信息、建议或者认同时，你就拥有了一定的权力。这种权力是相对的，因为它取决于你在特定群体中的地位和角色。数字空间中的权力是流动的，是通过每一次点击、每一条评论、每一次分享在人群中传递的。

　　传统权力与数字空间权力的主要区别在于其基础、流动性和影响方式。传统权力往往依赖于固定的结构和等级制度，而数字空间权力则更加流动，依赖网络环境。理解二者的差异对于我们在现代社会中有效地运用和维护权力至关重要。未来的权力结构将越来越受到数字化趋势的影响，如何在这两种权力模式之间找到平衡，将成为每个人必须面对的挑战。

　　权力在数字空间中的一个显著特征是流动性和易变性。它不是由传统的等级制度决定的，而是由点击率、关注数、转发量和影响力等来衡量的。程序员小李最初只会在一个论坛上分享编程技巧，而他所提供的解决方案常常击中问题的核心。很快，他成了论坛上一个有影响力的人，人们开始主动询问他的见解。后来，他的影响力逐渐扩展到其他社交媒体平台，最终他启动了自己的咨询业务。小李在数字空间中获得的权力，来源于他的知识储备和他与社区成员的互动。

　　在数字空间中，获得权力的途径多种多样。你可以是一个知识分享者、一个慷慨的网络群友，甚至是一个带着幽默感的评论家。关键在于，你需要发出自己的声音，并用它来回应或者引领公众的关注。

　　在数字空间中获得权力的关键在于提供价值。你必须成为人们寻找的某种资源、知识或者娱乐信息的来源。这需要你有洞察力，能够识别出人们尚未被满足的需求，并用独特的方式满足这些需求。比如，一个精通烘焙的博主，通过分享创意食谱和烘焙技巧，能够吸引一大批忠实的粉丝。

　　想要有效地获取数字空间中的权力，你还要了解数字空间中的"货币"——注意力。人们的注意力是有限的，这意味着你的信息必须是独特且有价值的。在无尽的信息海洋中，你的信息要成为那束能穿透迷雾的灯塔之光。

此外，你要学会与不同的人建立连接。连接的数量越多，你的影响力就越大。那些知名的社交媒体"大 V"之所以有强大的影响力，是因为他们不仅会发布有意思的内容，而且会积极地与粉丝互动，建立起令人印象深刻的个人品牌。

然而，在网络空间中，权力的获得和维持也需要策略。你需要了解如何让自己的声音在信息海洋中脱颖而出，这可能涉及搜索引擎优化和内容营销（包括大规模营销）。在这个过程中，口语化的交流方式和幽默感可以成为你的特点，让你发出的声音更具吸引力。

权力的维护还需要你不断地参与、更新和适应。网络世界瞬息万变，今天的意见领袖可能明天就会被取代。因此，持续学习、快速适应新的平台和技术，以及与你的在线社区保持紧密联系，都是至关重要的。

在数字空间里，权力也意味着责任。当你拥有了影响力时，你的一言一行都会被放大。因此，权力的拥有者必须认识到，他们的在线行为不仅会影响自己，而且会影响许多认同自己的人，乃至整个数字社会。

无论你是一位企业家、一名内容创作者还是一个普通用户，理解网络权力的运作机制都是在这个数字时代获得成功的关键。

在这个处处有连接的时代，数字空间成了一个新的权力结构孕育地，这种权力与我们熟知的传统权力截然不同。未来，我们还需要深入探讨网络权力的内在机制以及如何在这个无形的社会中获得影响力。

从个体互动到社会结构：数字社会的演进之路

在这个由比特构建的数字世界里，许多改变都在我们不知不觉中深刻地发生着。现在让我们来探讨数字时代中人与人之间的互动如何塑造了我们的社会结构。这不仅是一个关于社交媒体的故事，而且是关于我们如何在数字世界中重新定义社会关系和社会结构的宏大叙事。

1. 个体互动：数字社会的基本起点

其实，每当你在社交媒体上发表一条评论，或是为一条动态"点赞"时，你其实都在进行一次基本的社会互动，这就像是你在一张巨大的数字画布上，用自己的行为留下了一抹独特的色彩。

以北京的一位年轻白领小李为例。每天早晨，她会习惯性地打开微博，浏览最新的热点话题。有一天，她看到了一条关于环保的新闻，觉得很有意义，于是她转发了这条新闻并写下了自己的看法。这个看似简单的操作，实际上是她在数字社会中的一次"发声"。她的这个行为，不仅表达了她对环保议题的关注，而且有可能影响她朋友圈中的人对这个议题的看法。

每一个像小李这样的简单行为，乍看之下似乎都微不足道，但它们其实是构建更大的社交结构的基石。我们的每一次转发都有可能会被更多人看到，从而引发更多的讨论和互动。这些互动累积起来，就形成了一个个微小而意义深远的节点，编织成了数字社会的基本结构。

2. 关系网的形成：从点到线到面

随着个体互动的累积，其关系网逐渐拓展，形成了群体。这些群体中的人们基于共同的兴趣、观点或目标聚集在一起，就像一群志同道合的人在一起聚餐一样，大家围坐一桌，分享着各自的故事和经验。

让我们看看来自上海的张先生的例子。张先生是一位摄影爱好者，他喜欢在小红书上分享自己的作品。起初，他的关注者只有几个好友。随着他不断地分享高质量的照片，越来越多的人开始关注他。他也积极地与其他摄影爱好者互动，参与摄影主题的各种相关讨论。慢慢地，他发现自己已经成了一个小型摄影社群的核心成员。

这个过程展示了数字社会中关系网形成的典型路径。一个人从最初的个人兴趣出发，通过持续的互动和内容分享，逐渐吸引志同道合的人，最终形成一个有共同兴趣的群体。在这个群体中，成员之间的联系变得更加紧密，共同的认同感和归属感逐渐形成。

在商界，这种现象体现得更为明显。社群与私域运营已经成了许多创业者和企业的重要经营战略。深圳的李女士就成功地运营着一个育儿经验分享群。她不仅会分享自己的育儿心得，而且鼓励群里的其他妈妈们互相交流。渐渐地，这个群不再只以她一个人为核心，而是形成了一个相互支持的社群网络。即使李女士不在线，群里的讨论也能热火朝天地进行。

这个例子告诉我们，一个运营得好的社群中需要出现更广泛的连接，形成有一定黏性的关系网络，这样才能真正把人留住。人们会因为人际关系网络的吸引力和多样性，而不仅仅是因为群主或者某个知识分享的价值，选择留在群体中。

3. 群体互动：社会阶层的雏形

当这些群体开始相互作用时，我们就看到了社会阶层的雏形。群体互动是社会动力学的核心。它们如同海洋中的水流，流经社会的每一个角落，沿途滋养着各个群体，从而发展出独特的社会阶层。

以广州的一个创业者社群为例。在这个社群中，最初只有一群有创业想法的年轻人，他们经常进行线上交流。随着时间的推移，社群中有一些人的创业项目获得了成功，他们开始有了一定的社会地位和经济实力。他们的经验和资源也开始影响整个群体的发展方向。渐渐地，这个群体形成了自己独特的文化和价值观，比如强调创新、重视网络、追求快速增长等。这个过程展示了数字社会中阶层形成的一个缩影。

数字社会阶层是通过日常的互动形成的。专业人士可能会倾向于围绕工作需求建立社交网络，而艺术爱好者则可能会在展览观展者和演出观众中寻找同好。比如，在豆瓣上，有一个小众的独立音乐爱好者群体，他们不仅会在平台上分享音乐，还会经常组织线下音乐会。这个群体逐渐形成了自己独特的"亚文化"，影响了成员的生活方式、消费习惯，甚至是价值观。

这些社群相互作用，交织成一张复杂的社会网络。在这张网络中，每个人都在寻找自己的位置、积累自己的社交资本，从而进一步塑造整个社会的阶层结构。

4. 阶层互动：社会结构的构建

当不同的社会阶层开始互动时，我们就看到了整个社会结构的形成过程。就像在一场大型的剧院演出中，每个剧团都在讲述自己的故事，而他们的表演在某种程度上也影响着其他剧团。

举个例子，在知乎这个在线知识分享社区中，我们可以看到不同领域的专家、学者、从业者之间的互动。一个 IT 工程师可能会回答一个关于人工智能的问题，而这个回答可能会引起一个社会学家的兴趣，后者进而开始探讨人工智能对社会结构的影响。这种跨领域的互动丰富了平台上的内容，也促进了不同社会群体之间的理解和交流。

在抖音这样的短视频平台上，我们可以看到更加生动的例子。来自农村的"网红"通过展示乡村生活，吸引了大量城市观众的关注。这不仅改变了"网红"自己的社会地位，也在一定程度上带动了城乡文化的交流和融合。这种互动构建了一个动态的、有机的社会网络，一个允许信息和价值观流动和融合的系统。

5. 构建数字社会的未来

在这个看似虚拟又异常真实的网络世界中，我们需要理解人与人之间的互动如何构建出复杂的社会生态。每个人都是一个独特的节点，通过每一次互动，我们共同编织着这个社会的未来图景（见表 7-1）。

比如，近几年来，在对突发气象灾害带来的破坏进行抢险救灾时，我们看到了数字社会的力量。一群又一群的志愿者通过互联网组织起来，协调物资配送，传递重要信息。这个自发形成的网络不仅在危急时刻发挥了重要作用，而且展示了数字社会中公民参与的新形式。

类似的例子告诉我们，当我们在键盘上敲下一行字，或在屏幕上轻点一个"赞"时，我们不只是在社交，更是在参与构建一个充满活力的数字社会。

表 7-1　从个体互动到社会结构的构建

维度	个体互动	关系网的形成	群体互动	社会结构的构建
定义	个体在数字空间中的基本交互行为	基于共同兴趣和观点的社交网络形成	群体之间的互动，推动社会发展	不同社会阶层和群体的交互所形成的整体结构
特征	简单、快速、易于实现	关系的拓展与深化，形成紧密联系的社群	社群内部的互动与资源共享	社会文化的交融，形成多样化的价值观和生活方式
影响力	个体行为影响周围人的认知与态度	通过内容分享与互动建立的影响力	群体内部互动推动共同文化与价值观的形成	社会阶层之间的互动促进理解和交流
关键因素	表达、参与、反馈	内容质量、互动频率、共同目标	群体凝聚力、成员间的支持与认同感	阶层流动性、社会资本、跨领域合作
演变过程	从个体行为出发，逐步积累	个体互动累积成关系网，拓展至更大社群	群体互动深化，形成社会动力	各阶层之间相互作用，逐步构建出复杂的社会网络
未来展望	继续通过个体表达获得社会认同	构建更广泛的社交网络，实现多元化连接	促进不同群体的合作与创新	通过理解与互动构建可持续的社会生态

　　通过理解和利用不同群体之间的互动，我们不仅能够更好地适应数字时代的变化，而且能够积极地塑造社会结构，创造一个联系更加紧密，也更加多样化的数字社会。我相信，未来属于那些能够在数字世界中建立深厚连接、理解社交动态并积极参与互动的人。

数字社会结构：社会阶层与社会流动性

数字社会深刻地影响着现实社会的结构。网络时代的社会结构变化是复杂而多维的，它既给我们带来了前所未有的机遇，也为我们带来了新的挑战。

1. 社会阶层：新结构

在这个快速变化的时代，社会阶层不再仅仅由传统的经济资本或职业地位来定义。数字社会催生了一种新的社会资本形态——数字资本。这种资本的核心在于获取、处理和使用信息的能力。在这个框架下，我们可以看到三个主要的社会阶层浮现：数字精英、数字中产和数据边缘人。

2. 数字精英——掌握规则的群体

数字精英是那些掌握并能够利用高级技术资源的人，他们往往具备高级的编程技能、数据分析能力，以及对人工智能和机器学习的深入理解。这使得他们在数字经济中占据领先地位，能够从全球化的市场中获得巨大利益。他们是新社会的架构师和规则的制定者。

3. 数字中产——稳固的数据使用者

数字中产则是那些拥有一定的数字技能，能够在日常工作中应用这些技能的广大群体。他们可能是中小企业的老板、数字营销人员，或者教育工作者，知道如何通过网络进行营销、教学或开展其他形式的服务。

他们的生活质量和工作稳定性通常较高，但与数字精英相比，他们在社会经济结构中仍然处于依赖和从属的地位。

4. 数据边缘人——被数字时代"遗忘"的群体

在数字社会中，数据边缘人是那些与数字世界脱节的人们。他们可能由于教育、经济条件或地理位置的限制，缺乏学习和使用新技术的能力。这个群体面临的是就业机会的减少和社会服务的限制，他们在数字化进程中被边缘化，难以享受到数字经济带来的红利。

数字时代的到来固然给我们带来了更多机会，但与此同时，数字鸿沟正在把社会一分为二，甚至出现"数字贫穷"现象。因此，在拥抱新科技的同时，我们也要思考该如何实现真正的数字民主，让每个人都能享有平等的数字公民权。只有这样，数字时代的我们才不会走入两极分化加剧的境地。

5. 社会流动性

社会流动性，即个人或群体在社会经济阶层中上升或下降的能力，已经成为评估一个社会公平程度的关键指标。

数字化变革正在重塑我们的社会阶层，颠覆着人们对阶层流动性的传统认知。在这个技术不断迭代的时代，数字能力掌握情况成了阶层分化的新标准，决定了一个人能否获得更广阔的发展空间和更高的社会地位。与此同时，数字时代也为阶层流动提供了全新的可能性和通道。

在数字经济中，技术知识和数据理解能力已经成了新的"硬通货"。掌握它们的人能够从事可以获得更高收入的职业，也更容易实现社会阶层的晋升。例如，掌握编程、云计算或大数据分析的能力，可以让一个人在就业市场中脱颖而出，获得更多的职业机会和更高的生活质量。

一个原本默默无闻的网络自媒体人，只需要创造出一段爆款内容，就有可能在一夜之间成为万众瞩目的"网红"。一个热衷编程的中产阶级子女，如果把头脑中的华丽创意转化为应用产品，就完全有可能从此跻身科技精英行列。

与此同时，数字经济的发展也为人们提供了更多的就业和创业机会。直播带货、网络营销、远程办公等新商业模式不断涌现，刷新着人们对职业可能性的认知。你不再需要特定的资格证书、固定的办公场所，也不再依赖父辈留下的人际关系，只要掌握了对口的数字技能，就能找到适合自己的发展路径。

数字工具使得知识和技能的获取变得前所未有地便利。今天，只要有一部手机，我们就能上网浏览海量的在线课程、接受来自世界各地大学的专业教育。通过自学在线课程、参与开源项目或利用数字平台创业，一些原本属于数据边缘人的个体可以成功跃升为数字社会中产。

当然，我们也要清醒地认识到，尽管科技推动了阶层的流动，但其中也暗藏着新的不平等隐患（见表 7-2）。首先，由于地域和经济条件的差异，依然有相当一部分人无法完全共享数字经济的红利。其次，不同的群体在数字化进程中拥有着不平等的"数字权力"。对精通网络技术的年轻人来说，他们在新媒体时代有着独特的优势；但对并不熟悉新技术的老年人群体来说，他们就更容易在数字世界中被边缘化。

因此，如何促进数字时代阶层的有序流动，避免引发新的社会分裂现象，将是摆在我们面前的巨大课题。唯有加大科技教育的普及力度、消除数字鸿沟，才能确保整个社会都拥有公平的数字发展权利。

表 7-2　不同维度的数字社会结构

维度	数字社会结构	特征与影响	例子
社会阶层	数字精英	掌握高级技术，能利用数字资源获得巨大利益，成为新规则的制定者	资深人工智能专家、数据科学家等
	信息中产	拥有基本数字技能的中层群体，有着稳定的生活质量和工作，但较依赖于数字精英	中小企业主、数字营销人员等
	数据边缘人	与数字世界脱节，缺乏技术能力，面临社会服务限制和就业机会减少等问题	受教育水平低的农村居民、老年群体等
社会流动性	新的社会货币	数字技能和技术知识成为阶层流动的关键，改变传统的职业晋升路径	自媒体人因创作而成名、程序员获得高收入职位等
	职业认知转变	新商业模式涌现，不再依赖传统的资质证书或人际关系，重视技能和创新	直播带货、远程办公、自主创业等
	教育获取的便利性	数字工具使得获取高质量教育变得容易，打破传统教育资源限制	在线学习平台、开放课程、开源项目参与等
	新的不平等隐患	科技虽然促进了流动性，但仍存在地域和经济差异，导致数字鸿沟	技术熟练的年轻人与不懂技术的老年群体的对比等
未来展望	社会公平与包容性	通过普及教育消除数字鸿沟，让人们获得公平的数字发展权利	出台相关政策、公益项目、社区支持计划等

　　我想说：数字时代给人们带来了社会流动的新可能。通过学习和掌握前沿技能，在无边的数字空间中，每个人都有可能打破原有的阶层限制，重新定义自己的人生舞台。但与此同时，这个过程也可能会加剧贫富差距，带来新的不平等隐患。

第七章

文化涌动：人工智能时代的
表达与共鸣

在数字社会中，文化也在经历着一场静默而深刻的变革。让我们一起探索数字时代的文化演变，从网络语言的兴起到数字艺术的崛起，从教育模式的重塑到娱乐方式的转变……我们将见证传统与创新的碰撞，体验虚拟与现实的交融。

这不只是一场关于技术的讨论，更是一次对人性本质的深度探索。当我们的文化表达越来越多地被算法和数据所定义时，我们如何在这个新世界中找到自己的文化认同？如何在保持传统精髓的同时，拥抱数字时代的无限可能？让我们一同揭开数字文化的面纱，探索这个正在重塑我们的生活方式、思维模式和价值观念的奇妙世界。在这里，每一次点击都可能创造新的文化符号，每一条评论都可能引发一次思想碰撞。

数字社会的共同语言：连接彼此的数字文化

网络世界是一个由数字构成的世界，技术与算法构成了这个世界的骨架，而文化给了它血肉和灵魂。理解数字社会的文化维度，就是理解数字社会的心跳和脉动。文化不仅是数字社会的背景，还是构成这个社会的基石。

在技术的理性边缘和经济的严谨计算之外，文化的力量显得更加细腻、更加富有生命力。它不仅携带着情感，而且是我们理解这个数字世界的重要途径。文化是我们与他人产生共鸣的源泉，也是我们认知和解释这个世界的框架。

可以说，数字文化像一场"全球派对"，任何人都不需要邀请函就可以加入其中。这里有着独特的语言：缩写、表情包、"梗"，它们相当于这场派对的秘密暗号。这些暗号就像数字文化的模因①，迅速传播，引发共鸣，然后不断进化。

数字文化到底是什么呢？简单来说，它是数字空间的生活方式、交流模式、价值观念和行为规范的总和。数字文化是集体创造的产物，它不仅包含我们的网络语言、艺术、表情和笑话，还包括我们的哲学、政治和社会运动。数字文化的海洋由无数的数据流汇聚而成，每一条博文、每一次点赞、每一张自拍都是其中的一滴水。

---

① 模因（meme）是文化的基本单位，通过非遗传的方式（特别是模仿）而得到传递。——编者注

数字文化是一股跨越国界、打破传统的力量。它不需要护照，也不讲究身份，它是开放的、全球性的，有时还颇为好笑。在数字文化中，一个在北京街头偶然拍摄的短视频，可以在一夜之间成为纽约、伦敦、孟买街头人们的谈资。

数字文化的核心在于它的即时性和易变性。它如同一股潮流，今天的热门话题明天就可能被遗忘。它像一场永无止境的接力赛，每个网络互动的参与者都是接力棒的传递者。

数字文化的自由度是空前的，每个人都可以在数字空间发出自己的声音。我们可以是键盘上的战士，也可以是幕后的英雄，网络给了我们一个平等发声的舞台。

数字文化的多元图景就是社会结构的缩影。数字社会是个大熔炉，各种文化在这里碰撞、融合。从东方的动漫文化到西方的流行音乐，再到南半球的独特风俗，网络让这些文化的界限变得模糊，也让我们的生活更加丰富多彩。

数字文化可以重塑我们的现实。数字文化不只是虚拟场景中的交流，它还深深地影响着现实世界。它改变了我们的工作方式、学习方式，甚至是我们的思维方式。比如，远程办公看似是技术的进步，实际上，它也是追求灵活性与自由度的数字文化对现实世界的一种重塑。我们开始重视工作与生活的平衡，开始接受线上会议，并与虚拟团队展开合作。这些都是数字文化在潜移默化中改变我们生活的例子。

数字文化不仅仅是一个概念，它已经渗透进了我们日常生活的方方面面。无论是"盐系男孩"的风潮，还是一夜之间爆红的"OK手势"表情包，这些都是数字文化独有的现象，是我们这个时代的共同语言和记忆。

数字文化并不是没有规则和秩序的。它更像一条河流，虽然在自由奔腾，但也有自己的流向。例如，社交媒体上的"社区指南"和"群组规则"，就是为了维护数字社会的基本秩序而设立的。

总之，数字文化这个集合是由我们这些天天浸泡在网络中的人共同创造的。我们可以批评它，也可以赞美它，而我们无法否认的是，数字文化已经改变了我们的世界。

数字文化：生活方式、价值观与世界观的重构

正如前文所述，有一股强大的力量正悄然影响着我们的生活方式、价值观和世界观，它就是数字文化。如同工业革命给人类社会带来了翻天覆地的变化，数字文化的兴起也在重塑着我们对这个世界的认知和体验。

数字文化之所以如此强大，是因为它颠覆了传统的信息流动模式。在数字社会出现之前，人们获取和传播信息的渠道是比较固定和单一的。而互联网的出现打破了这样的运作方式，让信息的生产和传播变得前所未有地便捷。

在这股浪潮中，每个人都可以成为信息的发布者，表达自己的观点和态度。由此产生的"去中心化""平等化"效应，深深影响着人们的生活方式。

在数字文化中，每个人都可以匿名而平等地参与互动，发出自己的声音。于是，数字平台成了人们抒发真实感受、展现个人风采的广阔舞台，出现了一番独特的景观。

当"夸夸群"在微信中越来越多的时候，豆瓣上早已成立多年的"相互表扬小组"终于凭借它的热度展现了自己的"存在感"。目前，该小组的成员数量已经超过 17 万，组员们还在持续不断地赞美和表扬着彼此。

除了"相互表扬小组"，豆瓣上还有许多不太被大众熟知的"宝藏"小组，在各个小圈子里发光发热。"圆场学""温和有效建议""我们什么都舍不得扔""早知道 ××× 就好了"就是其中的一些有趣代表。

数字空间还催生了一股风靡全球的"分享文化"。在网络世界里，

每个人都可以分享自己的生活状态、感受和见解，随时随地与他人交流互动。这种无处不在的分享和连接，让每个人都仿佛置身于一个由亲朋好友组成的大家庭，因此它也改变了人们原本的生活方式。

在网络时代，无数私密事务被公之于众，人们敞开怀抱，分享个人经历，体验群体生活。这种扁平化、开放式的生活方式，正在重新定义个人主义的内涵。

生活方式的变迁，也会影响人们的价值观和世界观。在网络平台上，每个人都可以表达自己的见解，即使它与权威理论相左，也能在网上激起广泛的讨论和共鸣。但是不少传统、浅薄、抱团的"知识权威人士"并不乐意看到这样的现象，他们表面上常常瞧不起网络意见领袖，心里却是五味杂陈。

在这样一个更加扁平、平等的思想环境中，人们更加自主地思考，提出疑问和批评，这也为思想的多元化发展和观念的更新奠定了基础。

与此同时，数字文化所彰显的个体色彩，也在重塑着人们的世界观。在相对封闭的传统环境里，人们更多地把自己当作群体的一分子，遵循集体意志。而在网络时代，人们的自我意识日渐觉醒，每个人都被赋予了自我呈现的平等机会，由此催生了"个人主义"的崛起浪潮。

当前，我们正身处一个前所未有的个体化时代，每个人都可以通过网络平台来诉说自我、展现自我。于是，网络成了人性的一面镜子，各种独特而个性化的观念和思想在网络中熠熠生辉。

简而言之，数字文化给我们的生活方式、价值观和世界观带来了深刻的影响。它正以一种无声无息却有力的方式影响着这个世界。在这个过程中，权威的力量在弱化，个人主义在兴起，思想也在走向多元化。我们很难简单地判断这种影响是好是坏，但有一点是可以确定的，那就是数字文化正在重塑着人类文明的面貌，推动着我们步入一个全新的时代。

教育的未来：人工智能时代的新思维与教学模式

在新一轮科技革命和产业变革深入发展的浪潮中，数字技术正在逐渐成为推动人类社会思维方式、组织架构和运作模式发生根本性变革的引领力量。这不仅带来了机遇，也带来了新的挑战。我们需要共同思考"教育何为、教育应往何处去"这一当今时代的重要议题。

1. 学校的本质

教育管理者应该重新思考学校的功能。在教育数字化时代，学校不只是知识的传递空间，更应该围绕培养学生的设计思维、系统性思维和批判性思维开展教育教学。中小学在数字化转型过程中，首先需要进行办学理念的转变。然而，相比于学生群体，教师在理念转变上面临着更大的挑战。许多教师熟悉的执教方式依旧是传统的黑板教学，而这种惯性可能会让他们在转型过程中遇到困难。

学校不只是学习知识的场所，更是一个社会化的场所。教师的角色正逐步从单纯的知识传递者转变为关注学生全面发展的引导者。随着科学技术的发展，课程知识的传授可以更多地通过数字化方式完成，而教师可能会有更多的时间充当学生的成长导师。

2. 教师角色的转变

人工智能正重新定义"教"与"育"的界限。人工智能也可以成为知识的传递者，因为它能够耐心地解释数学公式，或不厌其烦地纠正语法错误。然而，人工智能无法教会学生如何将知识应用于解决实际问题、如何在知识的海洋中自由航行。这是人类教师的重要使命，他们将成为学生批判性思维和创造力的培养者。简而言之：人工智能可以负责一部分"教"，而人类教师主要负责"育"。

教师的职业生涯并不会因人工智能的出现而结束，他们的角色反而将变得愈加重要，但他们需要调整自己的教学模式。教师将转变为学生的导师、创意火花的点燃者，甚至是学习体验的策展人。或许在不久的将来，教师们不再只是站在讲台上授课，而是在教室里引导一场场智力激荡的头脑风暴，成为学生发展个性和潜能的催化剂。

现代教育应该适应学习者的需求，而不是让学习者必须学习预设的教学内容、服从僵化的规则。未来的教师将不再局限于传授知识，而会帮助学生发现、组织和管理知识，引导学生根据自己的特点进行学习，致力于为每个学生提供支持。

教师不再以知识权威的形象出现，而会与学生建立新型关系，注重互动与知识体系建构，成为学生学习过程中的辅助者。技术的发展打破了课堂与外部世界的界限，教师可以将教育过程延伸到现实生活中，围绕真实问题展开教学，建立课程与学生日常生活之间的联系。传统教育与数字时代教育的对比如表 8-1 所示。

表 8-1　传统教育与数字时代教育的对比

维度	传统教育	数字时代教育
学校功能	以知识传递为主，侧重于学科知识的教学	培养设计思维、系统性思维和批判性思维，注重全面发展
教师角色	以知识权威的身份授课，角色较为单一	从知识传递者转变为引导者、导师，注重个性化支持
教学模式	线性、结构化的课堂教学，以教师讲授为主	个性化、协作学习，利用人工智能进行智能导学和评估

续表

维度	传统教育	数字时代教育
学习方式	学生被动接收，依赖教师传授知识	学生主动探索，依赖数字技术进行信息筛选与管理
教学内容	预设的教学内容，缺乏对学生个性与需求的关注	课程内容围绕真实问题展开，强调与生活的联系
学习评估	主要依靠考试与标准化测试，评估方式较为单一	采用科学监测与个性化评价，描绘学生的成长轨迹
技术运用	多依赖纸质教材与黑板	大规模应用数字技术进行学习与互动，课堂形式多样化
学习环境	以课堂内学习为主，课外活动与学习相对独立	打破课堂与外部世界的界限，学习延伸至现实生活
师生关系	教师与学生的关系较为正式，互动有限	教师与学生互动频繁，强调知识构建与共同探索
未来展望	以知识传授为核心，较少关注学生的全面发展与情感需求	教育与情感相结合，关注学生智慧与情感的双重发展

3. 课堂教学的新模式

人工智能将改变未来的"教、学、评、管"模式。运用人工智能技术，我们能够创建具有场景理解、智能导学、问题组织、成效评测等特点的个性化协同教育模式。

数字教育可以是适合每一个人的教育。早在 2500 多年前，孔子就提出了"有教无类""因材施教"的教育理念。在漫长的人类文明发展进程中，我们一直在追求实现这种理念。数字教育能够在个性化学习、差异化教学和科学化评估等方面发挥独特优势，通过信息跟踪、数字回溯分析和科学监测评价，描绘学生的成长轨迹，为每个学生提供个性化的教育方案。这将有助于重塑教育形态，使每个人都能接受适合自己的教育，助力人们进行终身学习，推动建设学习型社会。

　　我在《文汇报》上读到过这样一个例子：重庆原本有一所随迁子女学校，起初并未得到周边民众的认可。后来，一位体育学科出身的校长开始在全校范围内大规模开展教育数字化转型。面对学生，学校研发出综合素质评价系统，精准分析每个学生的知识能力结构、个性化倾向、思维特征等，有的放矢地为其提升核心素养；与此同时，学校也在伴随式地采集教师在研修和教学过程的行为数据，培养了一支高素质、专业化、创新型的教师队伍。短短几年间，通过技术赋能，学校的面貌焕然一新，其办学质量在周边民众中也有口皆碑。

　　在技术的加持下，未来的教育将拥有丰富的可能性：在物理课堂上，老师和学生一起在虚拟现实中探索太空，讨论物理定律在失重状态下有何不同；在隔壁的教室，学生们在编写剧本，老师会告诉他们如何通过戏剧来表达情感、体现道德观念。这些都是人工智能无法替代的，因为这些活动需要真实的人类情感与道德判断。

　　约翰·杜威曾指出："如果用昨天的方式教今天的学生，我们就毁了他们的明天。"作为互联网的长期使用者，新一代学习者自然会参与到"数字技术＋教育"的学习范式中。教师不再需要教给学生过多的知识与信息，知识本身也不再是学生成长过程中唯一重要的内容。

　　教师将从知识的守护者转变为智慧的启迪者。在人工智能的辅助下，教育将不仅仅是一场知识的盛宴，更是一次心灵的觉醒。通过在教育中融合科学技术与人文关怀，我们将为未来的学习者创造出拥有无限可能的空间。

个性化学习路径：算法时代的自我发展

在这个以算法为基础的网络世界里，我们每个人都好像身处在一个巨大的数字图书馆中。我们拥有了前所未有的技术和资源，而学习的本质并没有改变。它仍然关乎好奇心、探索和对知识的渴望。

人工智能时代的学习不再是过去那种坐在教室里听老师讲课的模式。现在，我们的老师可能就是一个聊天机器人，教材可能是一个虚拟现实环境，而"同学"可能是来自世界各地的在线参与者。

在这个时代，学习不再是线性的过程，而成了一段探索式的、自我驱动的旅程。你可能会在学习编程时突然对人工智能的伦理问题感兴趣，接着你又会发现自己想研究如何利用大数据来预测股市的走向。这种跳跃式的学习过程，既令人兴奋又充满了不确定性。

1. 智能化学习：定制你的学习路径

现在的学习平台和应用程序都在使用人工智能为用户提供个性化的学习体验。你的每一下点击、每一次搜索、每一门完成的课程，都在告诉这些平台你的学习习惯。它就像一个隐形的教练，根据你的表现调整训练计划。

假如你想学习新的编程语言，人工智能助教会根据你的学习速度和风格调整教程，甚至会在你的代码里悄悄地放一个 bug，让你在解决问题的过程中成长。假如你想掌握一门新的语言，更不用担心，人工智能语言伙伴能够耐心地纠正你的发音，即使是在凌晨三点，它也不会抱怨一句。

但你应该记住，这些人工智能教练还不懂得人的复杂性，所以有时候你得告诉它："嘿，我今天只想学习如何在家里自制冰激凌。"

2. 被动接受与主动搜索

智能助手们总是准备好了向我们推荐接下来可以读的书或者观看的视频。这种被动接受知识的方式有点像在自助餐厅无休止地盛饭，结果只能是吃得太饱，可能连走路都困难。与此相比，主动搜索知识就像狩猎，我们要追踪、筛选和捕获那些最匹配自己当前需求的信息。这样的学习过程更有针对性，也更能加深记忆。

学习者需要成为信息的筛选者，从海量的资料中提取有价值的知识。我们需要学会提问，学会怀疑，学会在复杂的信息网络中导航。这就像在一座充满未知的迷宫中寻找出路，只不过这座迷宫是由代码和算法构建的。

3. 想要智慧，还是要靠"悟"

尽管人工智能可以为我们提供知识，但它不能为我们提供智慧。智慧是通过经历生活、与人交往，以及做错事后的自省获得的。所以，尽管你可能会用人工智能来帮你学习如何烹饪或编程，但想要学习如何成为一个有同情心和理解力的人，还是得靠自己在实践中领悟。

在这个时代，每个人都是学生，也都是老师。你可能在早上学习了如何用 Python 编程，下午就教你的侄子如何用乐高积木搭建一个机器人。学习是相互的，知识也是流动的。人工智能可以是你的工具，而好奇心和对学习的渴望才是你最好的老师。

写到这里，我想提醒一句：信息的海量特征和多样性意味着我们需要更好地进行筛选和批判性思考。

在当今时代，重要的不是你知道多少，而是你能学得多快、能适应得多快。因此，学会学习，比学会其他技能更重要。我们需要像拥抱老朋友一样拥抱变化。

在新时代如何高效学习？我有九条个人学习心得与建议。

（1）自主学习：网络世界是一座开放的图书馆。确定你的兴趣和目标，然后自主寻找资源。你的学习由你自己掌控。

（2）批判性思考：在信息泛滥的时代，批判性思维是你的罗盘。不要轻信每一个吸引眼球的标题，要学会辨别信息的真伪。

（3）精选资源：网络是个宝库，但其中也有很多"噪声"。学会筛选，只关注那些真正有价值的内容。

（4）学习多样化：不要局限于一种学习方式。视频、博客、论坛、在线课程……多样化的学习资源能够给你更全面的学习体验。

（5）让输出成为习惯：网络不只是学习的工具，更是创造的平台。写博客文章、制作短视频、在线分享……输出活动能够让学习变得更有趣。

（6）参与话题讨论：利用社交媒体和在线论坛，与世界各地的思考者和同好交流。学习在分享中生长，在合作中开花。

（7）社群学习：加入或创建在线学习社群，与志同道合的人一起成长。群体的力量可以使个人的学习更加富有成效。

（8）实践应用：正所谓"实践是检验真理的唯一标准"，在网络上学到的新知识，要多在现实生活中尝试和应用。

（9）享受过程：学习不应该是负担，而是一种乐趣。找到自己的乐趣所在，享受每一个被知识点亮的时刻。

让我们一起探索如何在数字时代中优雅地成长。学习不仅仅是知识的累积，更是一种生活方式、一种不断探索和成长的态度。

网络语言：数字时代的语言变革与思考

在这个由比特和字节构建的数字世界里，一场静默的语言变革正在发生。它影响着我们的社交互动、思维方式，乃至文化生态。我们可以将这场变革视为一种社会文化现象的折射，以审慎的目光对它进行观察和反思。

1. 语言的演变：从传承到解构

语言，作为人类极为重要的交际工具和文化载体，一直在随着社会发展而发生变化。从古老的岩画到成熟的文字体系，再到印刷术的普及带来的影响，每一次技术进步都推动了语言的演变。然而，与以往的变化不同，数字化浪潮带来的网络语言的兴起，更多地表现出对传统语言规则的解构和偏离。

网络语言试图突破传统语言的规范，融合口语、书面语、符号、图像等元素，从而创造一种"新"的交流形式。然而，这种"新"形式的背后，隐藏着对语言规范性的消解和对信息有效传递的潜在威胁。

2. 消解规范：网络语言的随意性与信息损耗

网络语言的力量，部分源于其对传统语言规范的突破。它常常糅合方言、行业术语、符号，甚至错别字等元素，形成一种看似"有趣"和"有创造力"的表达形式。然而，这种随意性也导致了信息传递的模糊和信息的损耗。

以"皮一下"为例，这个词语一般会用来形容一些调皮的行为，在网络语境中可以理解为一种幽默的表达方式。然而，它对语境的依赖性可能会使得一部分善意的信息无法得到准确传递。离开了特定的网络环境，这个词语的含义可能会变得模糊不清，甚至给一些人带来负面感受。

网络语言的"叛逆性"，其实并非真正意义上的创新，反而往往是对既有规则的偏离。它并没有更接近"生活的本质"，而更像是对特定网络亚文化群体的迎合。这种迎合在短期内可能会带来一定的群体认同感，长期来看却可能导致语言使用的碎片化和浅薄化。

3. 作为另一种社交标签的网络语言

在数字社会中，网络语言在一定程度上成了一种数字化的"社交标签"。掌握某些网络用语，意味着有机会融入特定的网络社群。

例如，在一些人眼中，使用"YYDS"[①]来夸赞朋友，比直白地说"你真棒"显得更"时髦"。然而，这种"时髦"是短暂的、易变的。今天流行的网络用语，明天可能就会被新的词汇所取代。这种追逐潮流的行为，本质上是对群体认同的追求，却不一定能实现真正意义上的有效沟通。

网络语言在社交媒体时代的重要性被过度强调了。它更多地是一种圈层文化内的自我表达，而非具有普适性的交流工具。过度依赖网络语言，可能会导致社交圈层的固化和信息茧房的形成。

4. 语言使用的割裂与融合

随着移动互联网的普及，网络语言逐渐渗透进了我们的日常生活。在现实生活中使用网络语言，反映出网络文化对现实社会的影响正日益加深。

---

① 即"永远的神"的拼音首字母缩写。——编者注

然而，这种渗透也带来了一些问题。在正式场合或较为严肃的对话中，使用网络语言可能会显得不恰当，甚至引起误解。这反映了不同语言使用场景之间的割裂，以及网络语言与传统语言体系的冲突。

5. 反思与展望：网络语言的文化影响

网络语言的兴起，引发了不少人对语言"低俗化""肤浅化"及其对年轻人的语言素养带来的负面影响的担忧，而这些担忧并不是毫无道理的。

语言的发展往往伴随着争议。我们需要辩证地看待网络语言，既要看到它在特定场景中的表达功能，也要警惕它对语言规范性和文化传承的潜在负面影响。

语言的本质是交流的工具，其价值在于有效地传递信息和情感。网络语言在特定场景中可能提高了人们的交流效率，但在更广泛的社会语境中，其有效性值得商榷。

网络语言可能会继续影响社会和文化，但它无法完全取代传统语言。更有可能的是，它会与传统语言长期并存，形成一种复杂的语言生态。我们需要以更加理性、审慎的态度来观察和研究网络语言，在享受网络带来的交流便利性的同时，也要维护语言的规范性并保证文化的传承性。

拥抱语言的新发展，并不意味着全盘接受网络语言的解构性和随意性。我们应该提倡在不同的场合使用恰当的语言形式，既要尊重网络文化的合理表达方式，也要坚守传统语言的规范并保护其美感。在当今的数字时代，语言依然是我们连接彼此、理解世界的重要桥梁，我们应该更加珍惜和善用这一工具，而不是任由其被碎片化和庸俗化。

数字空间中的星座、塔罗牌文化及网络算命

在这个数字时代，星座文化、塔罗牌文化，以及网络算命活动正在数字空间中悄然涌动。这些具有迷信色彩的内容，却在不少年轻人中流行，这种现象颇具讨论价值。通过深入探讨这种现象，我们可以洞见其背后折射出的深层根源。

1. 星座与算命：现代年轻人的精神"加油站"

在《"网络算命"日益泛滥》《年轻人热衷"云算命"遭遇重重套路》《别让网络占星"占"了你的心》等文章中，出现了几个鲜明的实例。重庆市某高校的一名大四学生张兰兰迷上了网络流行的星座配对。在一次星座配对结果显示她和男友"前途不甚乐观"后，张兰兰毅然向男友提出了分手。尽管男友极力解释，朋友们也纷纷劝说，她依然坚持认为电脑算出来的结果绝对没错，始终不肯改变心意。

28岁的长沙姑娘小吴笃信占星术，无论是炒股亏钱还是被领导批评，她都会点开某占星公众号查看运势："噢，难怪，这周'水逆'，诸事不顺。"相亲时，她执拗地询问对方的星座，坚信"我是处女座，和天蝎座、摩羯座、金牛座比较配"。在日常生活中，星座逐渐成了她的"指路牌"。

更为夸张的是，一名初三学生竟用网络算命的结果来决定自己是应该努力读书，还是应该尽早放弃学业去做生意。一些中学生甚至在每天出门前都要先上网算一算，看看当天是否适宜外出、该穿什么颜色的衣

264 | 数字社会学：AI 时代生存法则与未来秩序

服，以及应该见谁或不应该见谁。

2. 精神空虚与心理寄托

在这个物质水平高度发达的时代，虽然人们的生活条件得到了极大改善，但内心世界却容易出现"精神空虚"。星座占卜和算命等迷信活动，往往带有一种神秘、玄幻的色彩，能够带给年轻人某种心理上的寄托和慰藉。

相信星座命理，意味着相信人生的际遇早已注定，这能给人一种"命运已被安排好"的心理预期和安全感。研读塔罗牌的含义，则能让人产生一种掌控生活的错觉，从而缓解内心的焦虑。这些迷信活动在某种程度上填补了现代人内心世界的某些空白。

在我读过的一篇报道中，记者曾和一位名叫蓝蓝的"占星师"沟通，她面对的群体主要是刚毕业不到五年的年轻人，而他们求测的内容主要集中在情感和工作方面。蓝蓝认为，这些年轻人的工作和生活中充满了不确定性，社会的多元化让他们迷茫，求职、赚钱、买房、催婚等来自各方面的压力更使他们倾向于迅速找到一种策略来"解决"当下遇到的问题，所以网络占星成了他们缓解压力的一种方式。

这些迷信活动恰恰抓住了年轻人追求个性和新奇的天性，容易引发年轻人的兴趣和共鸣。

3. 潜在隐患与理性思考

当然，我们要清醒地认识到，这种迷信活动的盲目流行有着不少隐患。一方面，一些人对星座、命理等内容产生了过度迷信和依赖，不再重视理性思维；另一方面，这种现象也催生出不少投机商家，他们以此牟取暴利，误导受众。这些都有悖于文明社会的价值取向。

数字空间中的算命往往用"高科技"的外衣作为包装，一些似是而非的结果容易让人们沉溺其中。为什么会有"算得准"的说法呢？因为网络算命、占卜等活动实际上依据的是预先设计好的电脑程序。在你发送了自己的个人信息后，程序会依据一定的主观逻辑规律，以极快的速度对信息进行分析，而通过什么样的数字逻辑进行运算，完全由程序员决定。你输入了姓名、年龄等基本信息，程序会通过一些设计好的简单算术公式把结果匹配到你的基本信息上，你的"运势"也就"算"出来了。可以发现，网络算命其实仅仅是一个把戏。

通过理解这些迷信活动背后的心理需求和社会背景，我们可以更好地引导年轻人找到真正有价值的心理寄托，帮助他们在现实社会中找到自己的准确定位和发展方向。

新艺术语境：数字空间中的创作与展示

在网络时代，艺术开始从现实空间向数字空间扩展。传统的艺术形态，如画作、雕塑，或者舞台剧等，通常受到现实空间和媒介的限制。然而，随着虚拟现实、增强现实等技术的发展，艺术正在进入一个全新的维度。

艺术不再是静态的，而是动态的，它可以是互动的、沉浸式的。当你戴上 VR 眼镜时，一瞬间，你就被带到了另一个世界。这里有着你从未见过的颜色，你能听到从未听过的音乐。艺术家们可以不受限制地发挥他们的想象力，创造出令人震惊的作品。你可以走进一幅画中，与画中的人物对话，或是在雕塑中穿行，观察其纹理。新的艺术形式将彻底重塑我们与艺术的互动方式，它会创造出一种全新的感官体验，让我们对艺术的感知变得更加直观。

全新的艺术形式彻底打破了现实空间的限制，让更多的人有机会接触到高雅艺术。不论你身在何处，只要有互联网，你都能接触到那些令人惊叹的艺术作品。曾经，对于艺术，在偏远乡村长大的少年往往只能在教科书上窥见一斑。但今天，他只需要轻轻点击屏幕，即可立于虚拟现实中的艺术博物馆，观察每一幅画作的细节，感受历史的温度。

巴黎橘园美术馆曾经设计过一个创新项目，将莫奈的《睡莲》以一种前所未有的方式呈现给观众。观众可以通过头戴显示器进入画中，体验画家眼中的世界，感受笔触的动态和色彩的温度。这不仅仅是在观赏，更是在参与一次穿越时空的旅行。

　　数字化博物馆的兴起正在改变人们的艺术欣赏方式。传统的博物馆虽然具有无可替代的历史价值和文化意义，但在线的艺术馆与文化平台能将艺术品带到每个人的家中。这些数字化博物馆不仅提供了线上浏览艺术品的功能，还利用增强现实技术，允许用户在自己的居住环境中"放置"艺术作品，体验不一样的艺术感受。例如，你可以在自己的客厅中"放置"一幅虚拟的梵高画作，从而在日常生活中享受艺术的美感。

　　此外，数字化的进程还为普通人带来了更多展示的机会。从线上画廊到社交媒体上的艺术品分享，每个人都可以是艺术的创造者和欣赏者。艺术家可以通过互联网来展示自己的作品，普通人也可以通过社交媒体收集自己的灵感。艺术的传播不再有界限，每一块屏幕都是一个新的展览空间。

　　艺术家利用数字工具和平台来创作和展示他们的作品，这不仅改变了艺术的创作过程，也扩展了艺术的表达范围。数字艺术家 Beeple 的作品《每一天：最初的 5000 天》是一幅将 5000 张数字图像组合而成的拼贴画，它是世界上第一件在传统拍卖行出售的纯数字作品。它不仅证明了数字艺术在市场上的价值，而且标志着艺术在数字时代的重大转变。

　　我想请你思考一个问题：在数字社会中，艺术的未来将会如何？随着技术的进步，我们是否会失去对传统艺术的欣赏能力？或者，我们能否创造出全新的艺术表达形式，甚至新的艺术门类？这些都是开放的问题，答案也许就藏在我们每个人对艺术的热爱和追求中。

　　总之，艺术已经不再局限于传统的现实空间和媒介，而开始在虚拟与现实的交汇处绽放新光芒。这不仅仅是艺术领域的一次革新，更是人类文化和表达方式的一次飞跃。

数字娱乐的崛起：重塑文化消费与生产

在网络时代，数字娱乐的崛起正在重塑我们的文化消费与生产方式。过去，人们的娱乐往往局限于现实生活中有限的形式，比如看电影、读书、听音乐等。然而，数字技术的迅猛发展为我们打开了一扇全新的虚拟之门，让文化娱乐的形式得到了重新定义和拓展。

1. 数字时代的娱乐新常态

首先，观看网络直播已经成了年轻一代最喜爱的娱乐方式之一。在直播平台上，你不必离开沙发，就能沉浸于多样化的直播内容中：从游戏解说到户外探险，再到美食吃播，应有尽有。直播的互动性让观众不再只是被动的接受者，而是积极的参与者，他们甚至可以在直播中与主播实时互动，获得一种全新的社交体验。

这种娱乐方式不仅带来了前所未有的沉浸感，而且为普通人创造了新的工作机会。在这个新媒体时代，出现了一批炙手可热的网络主播，他们的人气与收入有时候可以与传统明星相媲美。这一现象重塑了我们对"名人"和"影响力"的认知，凸显了个人魅力与内容创造的重要性。

2. 多元化的文化消费场景

数字时代还为文化内容的传播和消费创造了新的场景。用户不仅可以在线追剧、读书，还可以在读书 App 中畅所欲言，积极参与内容互动。数字游戏已经从单人娱乐发展为富有社交属性的主流产品，玩家之间的互动与合作成为游戏体验的一部分。而网络文学与网络综艺的兴起，使得原本被动的观众转变为积极的内容贡献者，推动了网络文化的发展。

在这样的环境中，文化产品不再是固定的终端产品，而是一个开放的体验场景——用户可以不断地参与创作并进行分享。生产者与消费者之间的界线正在逐渐被打破，文化的生产与消费变得前所未有地多元化。

3. 平等参与的文化生产

更重要的是，数字空间为每个人参与文化生产和消费提供了诸多可能。以小说写作为例，任何对文字充满热情的人都能通过自媒体等网络平台展示自己的作品。如果作品能够切合当下潮流，创作者就极有可能迅速走红，成为新一代的网络文学领军者。

4. 新兴的商业模式

从另一个角度看，网络平台的崛起也催生了新的商业模式，例如短剧、影视剧的付费点播。用户不仅可以便捷地消费内容，还能根据自己的品位和需求享受到个性化的内容推荐。这种精准的推荐机制，使得文化消费更加贴合个体的需求，提升了用户的满意度和参与感。

尽管数字娱乐也存在一些弊端和隐患，比如盗版横行、内容同质化等问题，但总体而言，网络空间使得人人都有机会参与到文化生产与消费活动中，它成了释放创造力与活力的大平台。它重塑了我们对娱乐的传统认知，让娱乐不是被动接受的过程，而是一种更加主动和全方位的体验。

5. 这就是未来

一位文化评论家说："在这个数字时代，娱乐不只是消遣，而是创造和参与的舞台。"这句话提醒我们，时代的变化让每个人都能在文化的舞台上发光发热，重新定义属于自己的娱乐方式与文化体验。

通过这样的转变，我们不仅可以享受丰富多彩的数字娱乐活动，而且可以在其中找到自我表达和社交的全新方式。在这个新世界里，文化的生产与消费方式将继续演变，我期待着每一个人都能成为这场文化盛宴的一部分。

数字新文化认同：流动中的族群记忆

在数字时代，文化就像一条蜿蜒的河流。这条河流不断汇集新的思想支流，既包容又开放，不拘一格。我们每个人都是这条河流的一部分，既是接受者也是贡献者。我们的新文化认同和族群记忆就在这样的流动与交互中形成。

1. 数字时代的身份与文化变革

在这个数字时代，我们的身份和文化记忆正在经历一场深刻的变革。文化认同不再仅仅依赖于故乡的民谣或老照片中尘封的记忆，而是在每次鼠标点击、每条微博推送、每个故事分享中不断形成的。它是活生生的、多元的，是不断流动和交互的。

你的文化身份不再仅仅由出生地、肤色或母语定义，而是由你在网络上的活动——你关注的内容、你分享的故事、你参与的讨论——共同塑造的。在网络世界里，每个人都可以是自己文化身份的创造者。

一个典型的例子是，电视剧《权力的游戏》播出后，全球的粉丝会通过网络集体观看、评论剧集，甚至会创作相关的文学作品。他们不受地域限制，文化背景各异，却共同创造出了一个超越国界的文化空间。他们的每一次互动都是对自己的网络族群记忆的贡献。

这种网络族群记忆带来了一种全新的文化认同感。它不仅仅来自人们共同经历的历史事件和记忆，更来自人们在网络上共同创造和分享的故事、图片、视频和话语。这些元素一点点地积累起来，形成了集体的数字记忆。

因网络游戏而结识的跨国玩家们，虽然有着不同的文化背景，但在共同完成游戏任务的过程中，他们相互理解，结下了深厚的友谊。他们的网络互动不只是游戏中的讨论，更是一种文化交流和身份认同的体现。

在线百科的诞生和发展，是网络族群记忆的另一种表现。志愿者们共同编写各类知识条目，这个过程本身就成了一种文化活动。在线百科不只是一个信息的存储库，更是一种全新的文化实践成果、一种集体参与和集体记忆的表现形式。

每一个条目、每一段修改，都是志愿者们对集体记忆的贡献。编辑在线百科的过程不仅仅是知识的积累过程，更是文化认同的构建过程。通过共同参与编写和审核工作，志愿者们在数字世界中找到了自己的位置和归属感。

2. 数字文化的多样性与复杂性

网络上的每一次互动、每一次分享，都构成了我们在数字时代的新文化认同和族群记忆。在这个过程中，我们既是个体，又是集体的一部分。我们通过在线交流，超越了传统的文化界限，创造出了一个全新的文化空间。

数字社会中的新文化认同与族群记忆，正在改变我们对身份和文化的理解。我们不再被传统的地理和文化界限所束缚，而开始在数字世界中，通过不断的互动和分享，创造出新的文化认同。

这条蜿蜒的文化河流，汇集了来自全球各地的思想和创意，构建了一个开放、多元、不断演变的文化空间。通过理解和参与这条河流的流动，我们可以更好地把握自己的身份，找到在数字时代的文化归属感。

未来，我们将在这条文化河流中继续前行，我们的故事和记忆将在数字世界中不断流动，成为这条文化河流的一部分——我们也在共同塑造未来的文化认同与族群记忆。

一切都刚刚开始

当我们的生活越来越多地被数字化趋势所影响，我们如何在保持人性温度的同时拥抱技术变革？如何在数字洪流中守护每一个声音，特别是那些容易被忽视的弱势声音？让我们一同描绘数字社会的未来图景——在这个充满无限可能的新世界里，每个人都能找到自己的位置，绽放独特的光彩。这段旅程才刚刚开始，而我们每个人，都是这场变革中的主角。

从农业社会到数字社会：人们的自我表达与连接

在不同的社会发展阶段——农业社会、工业社会和我们现在所处的数字社会，我们的互动方式、价值观和个性表达方式会受到不同的影响。

在农业社会，生活节奏较慢，人们的社交互动主要围绕家庭和社区展开。人们的价值观是相对统一的，社区成员之间联系紧密，大家共同努力，从事农业生产。在农业社会中，人们倾向于珍视传统并维护群体的和谐。

在工业社会，随着工业革命的兴起，一切都开始围绕标准化和效率转动。工厂和流水线成为生产的主力，而人在这个过程中被逐渐异化，变成了提高效率和产出的工具。在这个阶段，社会宣扬理性之美，看起来冷静而有秩序，但这种秩序往往忽视了人的感性和多样性。在某种意义上，个性的某些方面在工业社会中被忽略或压制了。

而今，我们生活在数字社会。我们身处一个信息技术高度发达的时代，社交互动的方式发生了根本性的变化。在这个社会中，人们更多地根据兴趣爱好进行互动。互联网和社交媒体的出现使人们能够轻易找到志同道合的人，共同分享兴趣和爱好。这种基于兴趣的连接让人性之美得以绽放，人们可以更自由地表达自己，追求个性化和多元化。

数字社会提供了更广泛的自我表达和自我实现的空间。在这个社会中，人们不只是生产力，更是有情感、有创造力的个体。

通过比较我们在三种社会阶段的不同之处（见表 9-1），可以看到社会发展和技术进步如何塑造了我们的生活方式和价值观。通过这本书，我也希望能提供一种新的视角，帮助你更好地理解我们所处的这个快速变化的数字时代，以及如何在这个时代中找到自己的位置。

表 9-1　社会发展的三个阶段及其特征

特征	农业社会	工业社会	数字社会
生活节奏	慢，社交围绕家庭与社区展开	快，注重标准化与效率	快，信息流动迅速
社交互动方式	以家庭和邻里为中心，强调集体	工厂和工作场所为主要社交环境	通过互联网和社交媒体建立联系
价值观	珍视传统与群体和谐	理性与效率至上，个体被异化	个性化、多元化，强调自我表达与实现
个性表达	强调情感与共同体的紧密联系	不重视情感，人在多数时候为工具化角色	强调创造力和个体情感，寻求自我表达
人际关系	紧密而稳定	疏离且功能化	灵活多变，基于兴趣与热情连接
文化表达	传统艺术与手工艺	工业化的文化产品	数字创作与在线分享
自我实现空间	局限在家庭与社区内	在工业生产中被压制	广泛的自我表达与自我实现的空间
技术角色	传统技术，有限的工具使用	机械化与自动化	高度数字化与技术驱动
个人身份	集体身份为主，强调共同价值	功能性身份，个体化程度低	多样化身份，鼓励个体独立与表达

未来，一段没有终点的旅程

　　如果你以为数字社会是个巨大的计算机服务器，存储着过去和现在，那你就错了。它是一个活动的生态系统，一座充满无限可能的数字森林。

　　未来的数字社会，会是什么样的呢？我想，人工智能不仅会成为我们的助手，而且将成为我们的伙伴。你的数字助手不只懂你的工作，更懂你的心情。它知道在雨天，你更喜欢听爵士乐，而在写作时，你需要的是古典音乐。它甚至会在你的家人过生日时，自动为你选择和定制礼物。

　　数字社会的发展也给我们带来了前所未有的创造和协作的机会。你可以在网上发起一个关于可持续生活的倡议，或许在几小时之内，这个想法就能得到来自世界各地支持者的响应。在未来的数字社会中，创造力是新"货币"、分享是一种投资，每个人都能从这个巨大的数字生态链中获益。

　　我们的在线身份会变得和现实世界中一样复杂。你在网络上的"我"可能会拥有自己的信用评分，这个评分基于你分享的短视频、你的每一次搜索，甚至是你在虚拟世界里的行为。这就是我所说的"数字社会学"，它不只会研究现象，更会预测未来。

　　然而，随着数字社会的不断发展，我们的生活方式也在发生改变。未来的家庭可能不再需要传统意义上的家用电器，因为智能家居设备将能自我升级，适应我们的生活需求。冰箱不仅知道什么时候要为你补充食材，而且能根据你的健康状况推荐菜谱。

与任何发展中的生态系统一样，数字社会也有它独特的演进方式。我们将看到新职业的诞生，比如虚拟现实建筑师和数字空间法律顾问；我们也将目睹老旧职业的消亡，就像曾经的修钢笔师傅一样。我们需要重新思考自己的职业路径，不断学习新技能，以适应这个不断变化的世界。

我们在数字社会中面临的最大挑战不在于技术本身，而在于如何管理技术带来的变化。数字空间的规则和运行秩序将会是一场智慧头脑之间的交流——法规制定者、社会学家、网络安全专家和普通网民，都将在这个舞台上扮演关键角色。我们会发现，自己不只是在使用技术，更是在与之共舞。我们需要智能的算法、透明的政策，以及责任感强的网络公民来共同维护网络秩序。

隐私权的保护问题将成为我们不得不面对的重大问题。数字空间的匿名性和自由性为我们提供了表达自己的平台，但它也可能成为滥用信息、误导舆论的温床。我们必须学会在分享和保护之间找到平衡。在安全方面，数字社会的发展意味着我们需要更强大的防护措施。网络攻击不是小打小闹，而是可能影响全球的重大事件。我们每个人都需要成为网络安全的守卫者，从基本的密码管理到数据的加密，每一个环节都不容忽视。

同时，我们也要记住，这个数字世界不只是数字的，更是由真实的人类情感和故事组成的。在这个世界里，我们不仅会分享知识，而且会分享自己的喜怒哀乐。数字生活是我们日常生活的一部分，它反映了我们的价值观，也塑造着我们的现实社会。

在这样一个持续变化的数字社会中，唯一不变的就是变化本身。我们无法预测未来所有的走向，但我们可以确定的是，数字社会将持续给我们带来惊喜。

请与弱势群体一同前行

在未来的数字社会中，不仅会闪耀科技的光辉，还会散发人性的温暖。

我们正在走进数字社会，这是一个由时间、空间和连接织就的复杂而绚烂的网络。但在这张光鲜亮丽的网络背后，我们不能忽视那些在信息高速公路边缘徘徊的弱势群体。在这里，我们应该确保那些通常容易被忽视的声音，也就是弱势群体的声音，被听见和关注。

在现实中，弱势群体面临的不只是物理世界的隔离，更是数字空间的边缘化。他们或许因为经济、教育、文化或身体情况的限制，无法享受数字化带来的便利。

我们需要重新审视和定义"连接"的意义。连接不仅仅是物理意义上的互联网覆盖，更是文化、教育和资源的普及。这意味着我们不仅要在偏远地区铺设光纤，还要确保那里的孩子们能够通过网络接受高质量的教育，确保每个人都能在数字世界中找到属于自己的位置。

我们正站在一个新的十字路口，要向那些在数字鸿沟的裂缝中挣扎的弱势群体发出邀请，让他们加入这个不断发展的数字社会。数字社会不只需要技术的创新，更需要人心的温暖。在技术层面，我们需要设计一种机制，它可以识别那些被边缘化的声音，并给予它们一些力量。这意味着，我们需要超越传统的搜索引擎算法，开发出能够发现和推荐小众内容的工具。

我们需要对那些容易被忽视的群体展现出真正的同情和理解，并采取实际行动来听到他们的声音。政府需要制定公平的政策，确保网络基础设施的建设惠及每一个角落。企业需要承担起社会责任，设计出既高效又人性化的技术解决方案。社会团体和慈善组织需要连接资源，为那些难以发声的人群提供发声的平台。而我们每个人，作为网民，也需要行动起来，用我们的点击和分享为正义发声，为平等助力。

让我们共同努力，确保数字社会不只是技术的展示场，更是人类智慧和同情心的汇聚地。让我们一起行动，确保每一种声音都能在数字世界中被听见、确保每一个人都能在数字舞台上自由绽放。我们的目标是努力建设一个更加包容和平等的数字社会。

在数字社会的大舞台上，每一个声音都值得被尊重，每一个故事都值得被讲述。

效率背后的不平等：人工智能在招聘中的隐形偏见

"人工智能在招聘领域的应用"这个话题不仅有着激动人心的未来前景，而且有着深刻的社会学意义。开发人工智能招聘软件的公司宣称它们的产品能够消除招聘过程中的人为偏见，这听起来似乎是一场公平竞争的序曲，但现实情况则十分复杂和曲折。

让我们从一个简单的承诺开始思考："使用人工智能来优化招聘流程，确保每个候选人都能在平等的起跑线上竞争。"然而，这个看似无懈可击的承诺忽略了一个关键问题：人工智能系统本身是如何学习的？答案是，通过吸收和分析大量数据。而这些数据，恰恰是由存在偏见的人类生产的。

人工智能在筛选简历时，可能会无意中偏向某些学校的毕业生，或者倾向于选择具备特定工作经历的候选人，而这些偏好往往是基于过去的招聘数据的。比如，如果某个职位过去主要由男性担任，那么人工智能可能在无意中就会倾向于选择男性候选人。这种偏差是隐性的，却在不断地被人工智能所复制和放大。这些做法，容易在无形中将过去的偏见固化为未来的标准，导致个体的多样性和创新潜力被边缘化或忽视。

面对人工智能招聘软件带来的挑战，一些聪明的学生开始使用人工智能大模型等人工智能工具来制作更出色的简历和求职信，甚至用它来训练自己回答面试问题。这种人工智能与人工智能之间的博弈，不禁让人感叹：在这个人工智能快速发展的时代，人类似乎在与自己的创造品进行一场旷日持久的较量。

这场较量的本质是什么？它反映了一个深刻的社会现象：在追求效率和公平的道路上，我们可能在不经意间创造了新的不平等。那些能够负担得起最新技术、使用相关工具和知识的人，将会在职场竞争中获得优势，而那些处于数字社会另一侧的人，则可能被进一步边缘化。

我们真正追求的是什么？如果答案是一个更加公平、多元和包容的社会，那么我们就需要重新思考人工智能在招聘过程中的应用。我们需要的不仅仅是技术上的创新，更是对技术背后的社会价值的深刻反思。我们应该如何设计和应用人工智能技术，以确保它服务于所有人的利益，而不是在无意中加剧现有的不平等？

从招聘者到求职者，从技术开发者到政策制定者，每个人都需要对这个问题保持敏感和警觉，共同探索和实践如何利用技术推动社会向更好的方向发展。在这个不断变化的数字社会中，我们面临的挑战是如何在技术革新和社会公正之间找到平衡。

数字社会是块崭新的画布

　　数字社会就像一块崭新的画布。没有人能说画布本身有好坏之分，它只是简单地呈现在我们面前，等待我们自己用色彩和线条去涂抹。它有自己的展开方式，有时我们甚至完全无法预料。

　　数字社会犹如热带雨林，而信息如同水分，流向其中的每一个角落，滋养着每一寸土地。在这里，每个人既是信息的生产者，也是信息的消费者。你可能是一名博客专栏作家，在网上分享自己的洞见；你可能是一名艺术家，在数字空间里展示自己对于美的理解；或者，你可能是一名教师，在虚拟课堂上引导着未来的探险家。

　　但别忘了，这片雨林有它自己的规则。它不理会你是否准备好了，也不在乎你是否愿意。网络的浪潮不等人，新的技术总是突如其来的，新的社交媒体平台也会如雨后春笋般涌现。你或许对某个流行的社交平台不以为意，但它可能正是你接下来必须关注的沟通渠道。

　　数字社会这片雨林是多样的，也是不断变化的。它的多样性在于其中存在无数个体的独特声音，这些声音汇成了数字世界的和声。而它的变化，则来自技术的不断进步和我们对这些技术的应用方式的无限想象。在这里，唯一不变的就是变化本身。

　　如果数字社会是一部电影，那么所有人都是其中的即兴演员，没有剧本，也没有彩排。我们每个人都在"现场直播"，每个人的每个选择都在塑造着这部电影的走向。你可能在某个角落无声无息地引领了一场变革，或者在另一个角落轻描淡写地改变了世界。

对数字社会的不适与适应

每个人都有自己的考量，但数字社会自有其运行的法则。我们作为个体，唯有选择适应与参与。

让我们面对一个事实：对于数字社会，无论是爱它还是恨它，它都在这里，而且已经到来。它犹如时代的列车，不会为某个人而停留。

现在的问题是：我们如何成为这个数字雨林中的适应者？首先，保持好奇心和学习的态度是关键。数字社会正在不断变化，我们也必须随之进步。学习新技能、接受新观念，是我们在雨林中得以生存的关键。

其次，我们要学会连接和合作。在数字社会中，孤独的个体并不是最有力量的，真正的力量来自群体。通过构建社群、分享知识，我们可以一起在这片不确定的空间中建立家园。

随着本书的结束，一段全新的旅程正在开启。数字社会不会等待任何人，但它为每个人都提供了无限的可能性。在这段旅程中，我们每个人都有机会成为创造者，也都有机会影响这个世界。

参考文献

1. 鲍德里亚 . 消费社会 [M]. 南京：南京大学出版社，2014.

2. 鲍曼 . 现代性与大屠杀 [M]. 南京：译林出版社，2002.

3. 贝尔 . 后工业社会的来临 [M]. 北京：新华出版社，1997.

4. 伯查德 . 专业化生存：在你擅长的领域成为专家 [M]. 北京：中国华侨出版社，2014.

5. 布尔迪厄 . 区分：判断力的社会批判 [M]. 北京：商务印书馆，2015.

6. 布劳 . 社会生活中交换与权力 [M]. 北京：商务印书馆，2012.

7. 费孝通 . 乡土中国 [M]. 上海：上海人民出版社，2006.

8. 福柯 . 疯癫与文明：理性时代的疯癫史 [M]. 北京：生活·读书·新知三联书店，2003.

9. 福柯 . 规训与惩罚：监狱的诞生 [M]. 北京：生活·读书·新知三联书店，2019.

10. 弗雷 . 技术陷阱：从工业革命到 AI 时代，技术创新下的资本、劳动与权力 [M]. 北京：民主与建设出版社，2021.

11. 戈夫曼 . 日常生活中的自我呈现 [M]. 北京：北京大学出版社，2010.

12. 格雷克 . 信息简史 [M]. 北京：人民邮电出版社，2013.

13. 哈维兰 . 文化人类学（第 10 版）[M]. 上海：上海社会科学院出版社，2006.

14. 海德格尔 . 存在与时间 [M]. 北京：生活·读书·新知三联书店，2014.

15. 海德格尔 . 时间概念 [M]. 北京：商务印书馆，2022.

16. 黄少华 . 网络社会学的基本议题 [M]. 杭州：浙江大学出版社，2013.

17. 霍布斯鲍姆 . 工业与帝国：英国的现代化历程 [M]. 北京：中央编译出版社，
    2016.

18. 康德 . 纯粹理性批判 [M]. 北京：人民出版社，2017.

19. 柯林斯 . 发现社会：西方社会学思想评述（第八版）[M]. 北京：商务印书馆，
    2014.

20. 夸蒂罗利 . 被数字分裂的自我 [M]. 北京：中国大百科全书出版社，2021.

21. 罗尔斯 . 正义论 [M]. 北京：中国社会科学出版社，2009.

22. 罗杰斯 . 创新的扩散 [M]. 北京：电子工业出版社，2016.

23. 罗萨 . 加速：现代社会中时间结构的改变 [M]. 北京：北京大学出版社，2015.

24. 马尔库塞 . 单向度的人：发达工业社会意识形态研究 [M]. 上海：上海译文出
    版社，2008.

25. 麦克卢汉 . 理解媒介 [M]. 南京：译林出版社，2011.

26. 芒福德 . 技术与文明 [M]. 北京：中国建筑工业出版社，2009.

27. 米尔斯 . 社会学的想象力 [M]. 北京：生活·读书·新知三联书店，2016.

28. 米塞斯 . 人的行动：关于经济学的论文 [M]. 上海：上海世纪出版集团，2013.

29. 穆尔 . 赛博空间的奥德赛：走向虚拟本体论与人类学 [M]. 桂林：广西师范大
    学出版社，2007.

30. NTT DATA 集团 . 图解物联网 [M]. 北京：人民邮电出版社，2017.

31. 帕森斯 . 社会行动的结构 [M]. 南京：译林出版社，2012.

32. 彭尼贝克 . 语言风格的秘密 [M]. 北京：机械工业出版社，2018.

33. 普里戈金 . 确定性的终结：时间、混沌与新自然法则 [M]. 上海：上海科技教
    育出版社，2009.

34. 钱德勒 . 看得见的手：美国企业的管理革命 [M]. 北京：商务印书馆，2017.

35. 萨尔加尼克 . 计算社会学：数据时代的社会研究 [M]. 北京：中信出版社，
    2019.

36. 苏勒尔 . 赛博人：数字时代我们如何思考、行动和社交 [M]. 北京：中信出版社，2018.

37. 泰普斯科特 . 维基经济学 [M]. 北京：中国青年出版社，2007.

38. 唐兴通 . 引爆社群 [M]. 北京：机械工业出版社，2023.

39. 特纳，等 . 情感社会学 [M]. 上海：上海人民出版社，2007.

40. 滕尼斯 . 共同体与社会 [M]. 北京：商务印书馆，2019.

41. 韦伯 . 新教伦理与资本主义精神 [M]. 桂林：广西师范大学出版社，2010.

42. 雅各布斯 . 美国大城市的死与生 [M]. 南京：译林出版社，2005.

43. 野口悠纪雄 . 区块链革命：分布式自律型社会出现 [M]. 北京：东方出版社，2018.

44. 郑杭生 . 社会学概论新修 [M]. 北京：中国人民大学出版社，2010.